D1747152

QUAND LA TERRE S'EST
OUVERTE AU SICHUAN

Du même auteur

L'Empire des bas-fonds, Bleu de Chine, 2003.

LIAO YIWU

QUAND LA TERRE S'EST OUVERTE AU SICHUAN

Journal d'une tragédie

Traduit du chinois par Marc Raimbourg
sous la direction de Marie Holzman

Préface de Marie Holzman

BUCHET ✺ CHASTEL
au fait

Avec le soutien de Solidarité-Chine.

© Buchet/Chastel,
un département de Meta-Éditions, 2010
7, rue des Canettes, 75006 Paris
ISBN 978-2-283-02431-7
Tous droits de traduction, de reproduction
et d'adaptation réservés pour tous pays.

Préface

Le 12 mai 2008, à 14 heures 28, un séisme d'une magnitude de 8 sur l'échelle de Richter s'est produit dans la province du Sichuan, autour de la région de Wenchuan. On sait maintenant que plus de 80 000 personnes trouvèrent la mort et qu'il y eut au moins 370 000 blessés. La Chine n'avait pas connu de désastre de cette ampleur depuis le tremblement de terre de Tangshan, en 1976, qui fit plus de 250 000 morts. À l'époque, la Chine vivait les dernières heures de la Révolution culturelle, plus ou moins coupée du monde et peu désireuse d'informer sur les drames que pouvaient connaître les simples citoyens chinois. En 2008, la situation était toute différente : Pékin était sur le point d'accueillir les athlètes et les journalistes du monde entier à l'occasion des jeux Olympiques, et la Chine se devait de prouver qu'elle était devenue un État moderne, réactif et soucieux du bien-être de sa population. Le séisme a donc provoqué de nombreuses réactions inédites, aussi bien de la part du pouvoir que de la population chinoise dans son ensemble. Le gouvernement a voulu faire la preuve de son efficacité et de sa sollicitude en intervenant aussitôt, en dépêchant le Premier ministre Wen Jiabao sur les ruines des villages les plus touchés et en proposant une intense couverture médiatique. La population, quant à elle, s'est spontanément organisée pour collecter des fonds et venir en aide à ceux qui avaient tout perdu : des proches, leur maison, leur fonds de commerce...

L'année 2008 a été une année exceptionnelle pour les Chinois, à tous points de vue. L'Histoire se souviendra surtout de la tenue des jeux Olympiques, qui se sont déroulés sans incident majeur et ont offert au monde le spectacle d'une Chine triomphante, capable, entre autres, d'édifier des installations somptueuses et d'organiser une cérémonie d'ouverture éblouissante. Mais, sur le coup, la population chinoise a plutôt mal vécu cette année, voyant dans la série d'événements anormaux qui se sont alors produits les signes du mécontentement céleste ! En effet, les jeux Olympiques étaient annoncés pour la date du 8 août 2008, à 8 h 08 du matin. Une homophonie entre le caractère « huit » et le caractère signifiant « fortune » a provoqué un élan d'affection pour ce chiffre, qui apparaît comme particulièrement propice. Or le séisme du Sichuan s'est produit le 12 mai – le 12/5 ; l'addition de ces trois chiffres donne 8. Plus surprenant encore, le 15 février 2008, c'est-à-dire le 15/2 (qui donne de nouveau 8, quand on fait l'addition), de fortes chutes de neige se sont abattues sur le sud de la Chine, durant la période du nouvel an chinois, au moment où les chemins de fer sont le plus sollicités. Les travailleurs migrants retournent en effet dans leur village pour y passer les fêtes et ce sont alors des dizaines de millions de Chinois qui prennent d'assaut les trains bondés. Cette année-là, les trains n'ont pas pu circuler à cause de la neige et des millions d'ouvriers ont été bloqués dans les gares, ce qui leur a fait dire que le Ciel manifestait son courroux. Dans la même série, des soulèvements ont eu lieu à Lhassa le 14 mars 2008, faisant plus de 200 morts dans les rues de la capitale tibétaine. Toujours 8, puisque la date s'écrit 14/3. Assimilant le Tibet au bouddhisme, la population a pensé que, cette fois-ci, les dieux s'opposaient à la tenue des jeux Olympiques en Chine. Ainsi, lorsque la terre se mit à gronder, ils furent convaincus que les rois des Enfers étaient tout aussi courroucés !

Le fait que les Chinois aient prêté une telle attention à ces coïncidences illustre surtout l'attachement de la population aux interprétations superstitieuses – d'autres diraient animistes – des manifestations naturelles. Il faut garder cette particularité en tête en lisant ce journal. Quoi qu'il en soit, Liao Yiwu propose une lecture très décalée de ces événements.

Originaire du Sichuan, Liao Yiwu se trouvait sur les lieux lorsque le séisme s'est produit et l'a vécu en direct. C'est donc un témoignage de première main que nous propose l'auteur de ce livre, mais pas n'importe quel témoignage ! En effet, Liao Yiwu revient de loin. Poète engagé, il a connu le drame de la répression du mouvement démocratique de 1989 et a raconté l'événement, à sa façon. Il a rédigé une élégie à la mémoire des quelque deux mille victimes du massacre qui se déroula, dans la nuit du 3 au 4 juin, à Pékin où les chars ouvrirent le feu sur les étudiants et les simples passants rassemblés sur la place Tian'anmen pour réclamer l'ouverture et la démocratisation du système politique chinois. À Chengdu, capitale provinciale du Sichuan, le mouvement s'était aussi répandu et la répression y fut très brutale, notamment dans les mois qui suivirent la remise au pas du pays – de nombreuses condamnations à mort furent prononcées. Quand l'élégie de Liao fut mise en scène dans un théâtre de Chengdu, en 1990, la réaction du pouvoir ne se fit guère attendre :

sept personnes, qui avaient participé à la mise en scène ou à la représentation de la pièce, furent condamnées à deux ans de prison ou plus. Liao Yiwu subit la condamnation la plus lourde, puisqu'il passa les quatre années suivantes dans une prison locale.

Aujourd'hui encore, toute tentative de témoigner du drame de Tian'anmen reste impossible et nombreux sont les opposants qui, au cours de ces vingt dernières années, ont payé leur audace au prix fort : incarcération, exil forcé, arrestation, torture, continuent à répondre aux demandes de la population de rouvrir ce dossier brûlant et de reconsidérer l'interprétation des faits. Même le secrétaire général de l'époque, Zhao Ziyang, n'a pas échappé à la vindicte d'un pouvoir qui s'est senti un moment ébranlé sur ses bases par les clameurs de la rue : il est mort en résidence surveillée, en janvier 2005, sans avoir jamais pu recouvrer la liberté ni participer, de la moindre façon, à la vie politique de son pays.

De la prison, Liao Yiwu dit maintenant qu'elle a été son maître, qu'elle lui a appris à comprendre le véritable visage de la Chine, à côtoyer les victimes de la répression, à ressentir de l'empathie pour les marginaux, qu'ils soient assassins ou victimes, menteurs ou idéalistes, profiteurs ou exploités. C'est aussi en prison qu'il a appris à jouer de la flûte *xiao*, auprès d'un vieux moine tibétain qui, comme lui, coulait des jours difficiles derrière les hauts murs du centre de détention de Chengdu.

Depuis qu'il a fini de purger sa peine, Liao Yiwu s'exprime autant avec sa plume qu'avec sa flûte, et il a acquis une notoriété mondiale, tant pour la qualité de ses écrits que pour l'originalité de son expression. Les lecteurs chinois apprécient son humour décapant et le style qu'il a adopté. Utilisant en effet le pseudonyme de Laowei (le Vieux Wei), Liao Yiwu joue souvent le rôle de l'enquêteur sans *a priori*, promenant son magnétophone et enregistrant les témoignages des personnages qui l'intéressent. La mise en forme littéraire de ces interviews a déjà donné naissance à plusieurs ouvrages, dont le plus célèbre[1] a été traduit en français, sous le titre de *L'Empire des bas-fonds*, en anglais et en allemand.

Partout où il se rend, Liao Yiwu est mu par le désir de témoigner, de restituer la vérité historique, de rendre leur dignité aux citoyens chinois, grands ou petits, égaux devant les injustices accumulées par soixante ans de dictature du Parti communiste chinois. Cette volonté

---

1. *Zhongguo diceng, fangtanlu*, édité par Changjiang wenyi, 2000. Cet ouvrage a été traduit en anglais sous le titre *The Corpse Walker* et en allemand sous celui de *Fraülein Hallo und der Bauernkaiser : China's Gesellschaft von unten*.

farouche lui vaut de nombreuses inimitiés, non seulement de la part des autorités chinoises, mais aussi de la part des écrivains en vue, dont Liao Yiwu se moque en les traitant de larbins du pouvoir!

Le séisme du Sichuan a donné à cet auteur inclassable une nouvelle occasion d'exercer ses talents de témoin : recueillant les récits de survivants ou de parents de victimes, Liao Yiwu nous dévoile la complexité de la vie chinoise. Même si l'Armée populaire de libération s'est effectivement bien rendue sur les lieux du drame pour porter secours aux sans-abri et protéger la population des répliques meurtrières du tremblement de terre, l'auteur nous montre combien sa présence au Sichuan devient vite ambiguë : l'armée est-elle là pour aider vraiment ou pour dissimuler la réalité, éloigner les curieux et les empêcher de rencontrer les sinistrés en fureur? De même, la presse chinoise a bien couvert les événements en dépêchant reporters, photographes et caméramen, mais s'agissait-il de montrer la vérité ou de la manipuler? Voulait-on expliquer ce qui se passait ou voulait-on simplement encenser les dirigeants locaux et nationaux photographiés au milieu des décombres afin d'améliorer leur image de marque?

Plus grave encore : alors que de nombreux bâtiments officiels, de nombreux hôtels et des maisons particulières ont bien résisté aux secousses, pourquoi y eut-il plus de six mille écoles qui se sont écroulées, provoquant la mort de plus de dix mille élèves? Pourquoi les équipes de secours ne sont-elles pas venues en aide en priorité aux survivants que l'on entendait gémir sous les décombres? La suite des événements prouve que les questions soulevées par Liao Yiwu étaient les bonnes. En effet, alors que des milliers de parents désespérés tentent de comprendre pourquoi les établissements scolaires étaient construits dans ce qu'ils appellent du « ciment en pâté de soja », c'est-à-dire en matériaux hautement friables et sans aucune armature de béton armé, le gouvernement a tout fait pour étouffer le scandale. Ainsi, le rédacteur en chef de la revue *Wenhua ren* (Les gens cultivés), Tan Zuoren, parce qu'il a enquêté pendant plus de trois mois au Sichuan auprès des familles qui ont perdu un enfant dans l'effondrement d'une école, a été condamné à cinq ans de prison pour « tentative de subversion de l'État ». Il avait publié en ligne les résultats de ses recherches et reprochait au gouvernement de n'avoir pas expliqué pourquoi les écoles étaient si mal construites. Lors de son procès, le 12 août 2009, d'éminentes personnalités sont venues de Pékin et des États-Unis pour l'assister et apporter leur témoignage, mais les autorités de Chengdu ne les ont pas autorisées à entrer dans la salle du tribunal. En revanche, d'après son avocat Pu Zhiqiang, une centaine de policiers ont rempli les rangs du public, tandis que les amis et la famille de Tan Zuoren attendaient le verdict dans la rue.

Un autre militant pour la défense des droits de l'homme et pour la recherche de la vérité sur les conséquences du séisme, Huang Qi, a également été condamné en 2009 à trois ans et demi de prison sous prétexte de « trahison de secrets d'État ». Il serait fastidieux de détailler les multiples méthodes utilisées par le pouvoir pour éviter que le public s'informe trop précisément sur la responsabilité des autorités locales, mais il suffit de savoir ce qui est arrivé à Tan Zuoren, Huang Qi et bien d'autres pour prendre la mesure du courage de Liao Yiwu.

Dans un contexte aussi miné, comment s'étonner que, au moment où nous écrivons ces lignes, Liao Yiwu ait subi son treizième refus de la part du pouvoir chinois de quitter le territoire ? En effet, Liao Yiwu a déjà été invité à se rendre en France, aux États-Unis, en Allemagne et dans bien d'autres pays. Il a tenté de passer la frontière pour se rendre en Asie du Sud-Est. Rien n'y fait, le pouvoir est prêt à tout pour éviter qu'un individu aussi « incontrôlable » se répande en révélations désagréables sur sa mère patrie...

Cette fois, pourtant, on aurait pu croire que Liao Yiwu touchait au but. Il avait en effet réuni les trois conditions nécessaires pour effectuer un voyage à l'étranger : un passeport, un visa et un billet d'avion. Invité à participer à un colloque à Cologne, Liao, fou de joie, avait raconté à ses amis, dans une lettre transmise sur Internet, l'émotion qu'il ressentait à l'idée de rencontrer enfin ses lecteurs, de signer quelques dédicaces et, plus encore, de découvrir de nouveaux horizons. Et voilà que, le 28 février 2010, le couperet tombe : la police a forcé Liao Yiwu à descendre de l'avion où il venait d'embarquer pour le ramener chez lui.

Le pouvoir, qui l'avait laissé franchir la porte de prison pour recouvrer une parcelle de liberté en 1996, ne voulait pas lâcher sa proie. Une fois de plus, Liao Yiwu s'est heurté à des parois invisibles qui lui rappellent invariablement son statut : prisonnier un jour, prisonnier toujours. C'est une raison – mais non la seule – pour lire ses œuvres, qui atteignent leur public en se moquant des frontières !

Marie Holzman

La terre entre en convulsions

12 mai 2008

*Le ciel s'est assombri.
Après la chaleur étouffante,
le vent se lève doucement.*

Après avoir traversé la rue, les pieds collant à l'asphalte, j'ai sauté dans l'autobus pour aller de la vieille ville de Wenjiang à la ville nouvelle où se situe le chantier de mon nouvel appartement.

J'ai senti quelques légers étourdissements, mais, en dehors de ça, je n'ai perçu aucun signe avant-coureur. Alors qu'elle était en train d'empiler du carrelage au dernier étage de l'immeuble, Xiaojin m'a passé un coup de téléphone en s'égosillant. À propos de quoi? Je n'en sais déjà plus rien. En tout cas, je venais juste de pénétrer dans la résidence par l'entrée principale, et je me trouvais, en nage, au pied de notre immeuble, lorsque ce machin s'est produit. J'ai d'abord ressenti quelques saccades, comme si la terre bâillait en posant une main devant la bouche puis, juste après, un éternuement semblable à un coup de canon. Tout s'est mis à remuer sous mes pieds : plus les éternuements devenaient violents, plus les secousses étaient fortes. Comme j'ai souffert de la famine durant mon enfance, mon cerveau s'est mal développé, c'est pourquoi je suis un peu long à la détente. Du coup, je n'ai pas compris immédiatement que c'était un tremblement de terre. Il a fallu que les immeubles alentour se mettent à vaciller pendant deux à trois secondes pour que je saisisse ce qui arrivait. Je me sentais comme dans un crible à grain que l'on secoue. Même la terre ressemblait à un enfant sans défense posé sur un tape-cul invisible. L'amplitude des secousses a augmenté en un rien de temps. Le sol se dérobait sous mes pieds et j'ai presque dû m'agenouiller. Coincé entre deux rangées d'immeubles, j'ai tout à coup eu le sentiment que les bâtiments tendaient leurs jambes comme des humains pour m'administrer des coups de pied, provoquant au passage d'étranges bourrasques. Les branches des arbres semblaient avoir ingurgité des pilules d'ecstasy. Le soleil s'était métamorphosé en une sorte de brouet. Je me suis retourné, machinalement, puis, comme enivré, j'ai émergé de ces blocs d'habitations. Derrière moi, de petits groupes d'individus s'échappaient des cages d'escalier, comme des salves de vomissure projetées dans tous les sens.

Cela a duré deux à trois minutes. La terre est sortie de sa crise d'épilepsie en expulsant quelques derniers crachats, puis elle a fini par s'épuiser. Une foule de gens s'étaient rassemblés aux alentours, et ma copine, Xiaojin, s'est précipitée vers moi tout en se palpant le creux de l'estomac. Elle m'a souri. Quatre ouvriers du bâtiment avaient fui le dernier étage en sa compagnie. Ils souriaient aussi. Récit de Xiaojin :

> Les carreaux de faïence étaient très lourds. Les ouvriers les montaient à l'étage. Après quelques voyages, ils étaient déjà tous en eau. Le jeune homme qui habite au troisième est monté se rendre compte de l'avancée des travaux. Je l'ai salué, tout en jetant un coup d'œil en bas. « Je t'ai vu sortir ton Little Smart[1], mais je ne sais pas à qui tu parlais. »
>
> Je n'ai pas eu le temps de te faire signe, car ce garçon a engagé la conversation avec moi : « Heureusement que la charpente est robuste », a-t-il dit en se saisissant de l'escabeau métallique. Il l'a secoué légèrement. Ce dernier s'est mis à grincer. « Qu'est-ce que c'est que ce truc pourri. C'est vraiment de la camelote », a-t-il lancé. Puis, il s'est mis à frissonner. Les murs se balançaient. Les quatre ouvriers qui se

1. Un genre de téléphone cellulaire.

trouvaient dans la pièce ont, d'instinct, pris leurs jambes à leur cou, avant même de comprendre ce qui se passait, se bousculant les uns les autres. L'un d'eux qui était de petite taille a réagi de façon fulgurante : il a déposé le carrelage sur le sol et, sans prendre le temps de se redresser, s'est sauvé comme un lapin. D'un bond, il a enjambé sept ou huit marches, dévalant la cage d'escalier comme s'il n'était qu'une vulgaire boulette de viande, puis s'est mis à courir en faisant des sauts de cabri. Quand ses jambes ont commencé à ralentir un peu, il devait déjà être loin. Le plus attentionné d'entre eux a été le jeune homme qui s'en était pris à l'escabeau. Un pied en dehors, l'autre à l'intérieur, il a eu la présence d'esprit de me crier : « Vite, décampe ! » Je ne suis pas une fille très véloce, mais à ce moment précis j'étais comme un moteur à qui l'on avait mis le contact, me jetant sur lui pour lui agripper le bras. Ce pauvre garçon a donc dû me trimballer, un vrai fardeau. Bien que cela ait ralenti notre course, j'avançais quand même cinq fois plus vite que d'habitude. Si une noyée peut se raccrocher à de la paille de riz sans la lâcher, alors tu imagines, une vivante comme moi ! Nous avons roulé, rampé, dévalé les cinq étages et lorsque nous sommes sortis en trombe par la porte d'entrée de l'immeuble, la terre tremblait toujours.

La terre a tremblé une nouvelle fois. J'avais déjà tellement de mal à garder les yeux ouverts que je n'ai même pas pensé à tendre le bras vers Xiaojin pour la soutenir. Xiaojin me reproche souvent de ne me soucier que de ma petite personne. Cette fois, je me suis défendu en lui expliquant que je n'avais absolument pas saisi qu'il s'agissait de sauver notre peau. « Tu avais les pieds rivés au sol, dit-elle, c'est normal que tu ne comprennes pas l'impression que ça fait d'être suspendu en l'air. – Tu n'étais pas " suspendue en l'air ", rétorqué-je. – Presque, répond-elle, plus on se trouve dans les étages élevés, plus l'impression de vacillement est forte. » J'ai eu confirmation de cette sensation une dizaine d'heures plus tard, lorsque j'ai pu téléphoner à ma famille et à mes amis. Ma petite sœur, Xiaofei, m'a raconté qu'au même moment elle se trouvait au sixième étage d'un immeuble avec ascenseur situé dans le centre-ville de Chengdu. Toutes les glaces et les décorations murales qui se trouvaient accrochées aux murs étaient tombées par terre. Elle s'était sentie prisonnière d'un tamis que l'on agitait et avait été projetée plusieurs fois au sol. Au-delà du dixième étage, les cris d'effroi, les pleurs, les chutes d'objets ainsi que le fracas des bris de glace s'étaient mélangés pour ne plus faire qu'un épouvantable bruit de tonnerre. Mon ami écrivain, Wang Jianhui, qui habitait au dixième étage, s'était débattu à plusieurs reprises dans sa chaise longue sans parvenir à s'en extirper. Il était comme un nourrisson qui vient de naître, sans défense : « J'ai vécu ce tremblement de terre d'une violence inouïe, comme si je m'étais trouvé impuissant au fond d'un berceau. » Ran Yunfei, le collectionneur de livres qui vivait au septième étage, avait été éjecté de son lit alors qu'il était en train de faire la sieste, ne sachant trop ce qui lui arrivait. Il avait juste eu le temps de sortir pieds nus de sa chambre à coucher, tétanisé par le bruit qu'avait fait la chute d'une bibliothèque. Li Yadong, un érudit logeant au rez-de-chaussée, qui lui aussi dormait, avait été plus chanceux que Ran Yunfei en s'échappant de sa chambre dans le plus simple appareil, enveloppé dans une couette. Au douzième, Wang Yi, catholique pratiquant et esprit distingué, n'avait rien pu faire d'autre que plonger vers la tête de lit. Pendant que les dieux fulminaient, comme menacé par le canon d'un fusil, il avait fait rempart de son corps pour protéger son enfant né peu de temps auparavant. Concernant le poète, Liu Shahe, soixante-dix-sept ans, résidant au troisième étage, son premier réflexe avait été de se réfugier sous son bureau. Après les secousses, il avait été extrait de chez lui par son épouse. Lorsqu'ils ont rejoint l'artère principale de la ville, la population s'était déjà répandue partout, des embouteillages s'étaient formés dans les rues, et la panique régnait en maître. Le poète s'était souvenu tout à coup qu'il n'avait pas pris soin de mettre de côté un texte à moitié terminé et avait décidé de faire demi-tour pour le récupérer sur sa table de travail. Au moment de repartir, il était sorti de chez lui un parapluie à la main et avait traversé la rue pour aller directement s'installer dans le temple Daci qui fait face à l'immeuble.

Aux alentours de cinq heures de l'après-midi, nous avons dû nous résoudre, Xiaojin et moi, à évacuer notre nouveau logement encore mal fini, car les membres de la Sécurité publique patrouillent en vélo dans la résidence, tentant du mieux qu'ils le peuvent de persuader les derniers récalcitrants de quitter les lieux. Sur des dizaines d'immeubles et dans la partie inférieure de centaines de cages d'ascenseur, on peut voir des fissures effrayantes ; sur certains murs, elles atteignent plusieurs mètres. Les résidents pestent et se révoltent, ne sachant à quel saint se vouer. Xiaojin et moi continuons notre chemin. Le bord des routes et les pelouses ont été pris d'assaut par la population. Au bout de vingt minutes, nous avons dû nous arrêter aux abords du parc Wenjiang, car l'avenue à six voies, d'ordinaire dégagée, est obstruée par des files de voitures. La police s'attelle à désengorger le trafic. Dans le parc qui s'étire sur deux kilomètres, les habitants, réfugiés malgré eux, telle une colonie de psoriasis, ont monté des tentes et installé des bâches en plastique, grappillant le moindre coin de verdure. En un rien de temps, les ordures se sont répandues partout.

Les nuages sont de plus en plus bas et le vent commence à se lever. Xiaojin, sentant quelques gouttes de pluie, me dit qu'il faut rentrer à la maison prendre des vêtements. Il est pratiquement impossible d'approcher de l'entrée provisoire du vieil immeuble aux formes tarabiscotées d'où s'échappe de l'eau souillée. Un policier est en train de dérouler un cordon jaune pour marquer un périmètre de sécurité, car des plaques de béton se sont détachées de la façade du rez-de-chaussée. Jin Qin[1] commence à s'affoler : « On va coucher dehors, ce soir ? » Je lui serre la main fermement tandis que nous contournons l'immeuble pour y pénétrer et nous ruer au troisième étage. En entrant dans l'appartement, je suis surpris de ne pas trouver le désordre que j'avais imaginé. Je remets rapidement à leur place les livres, les gobelets et les objets divers éparpillés çà et là sur le sol. Quand, une fois habillés, nous nous préparons à sortir,

1. Jin Qin est le nom complet de la compagne de l'auteur. Xiaojin est un diminutif qui signifie « Petite Jin ».

la nuit a déjà fait son apparition. Dans la rue, le brouhaha de la foule a redoublé. Les gens arrivent par vagues dans les magasins et se jettent frénétiquement sur la nourriture. Nous aussi sommes affamés et, à la manière des cobitidés, nous plongeons dans le flot humain quelques dizaines de minutes, courant en tous sens ; les restaurants, petits ou grands, sont soit complets, soit fermés. Nous nous insinuons dans un petit restaurant de nouilles. Au bout d'une bonne dizaine de minutes, il n'y a toujours pas de table où s'asseoir. À bout de nerfs, je commence à vociférer, mais les clients autour de nous font la sourde oreille, le visage plongé dans leur bol, en se restaurant avec l'énergie du désespoir.

Nous devons battre en retraite, l'estomac dans les talons. Dans la devanture d'une pâtisserie, je prends quelques parts de gâteau ; Xiaojin, qui ne raffole pas du sucré, a filé en direction du pont pour récupérer quelques brochettes de viande grillée. Nous continuons ainsi à errer dans les rues, sans but précis. Finalement, nous voyons que nos portables sont de nouveau connectés au réseau. Jin Qin et moi nous empressons de contacter les amis et les proches pour leur annoncer que nous sommes sains et saufs. Nous avons tous poussé un ouf de soulagement.

Selon un communiqué officiel, le tremblement de terre a pour épicentre la ville de

Wenchuan et une magnitude de 7,8. Dans un rayon de cent kilomètres, les zones gravement touchées sont Ma'erkang, Ya'an, Mianyang, Deyang, Dujiangyan, Chengdu, etc. Néanmoins, le chef du Bureau de sismologie de la province du Sichuan déclare, lors d'une conférence de presse, que la magnitude de ce séisme est supérieure à 8, équivalant à celle du tremblement de terre de Tangshan[1], où avaient péri 240 000 victimes trente-deux ans auparavant. Sous le coup de l'émotion, un ami de Dujiangyan m'a appelé en hurlant au téléphone : « La porte du temple Erwang s'est effondrée, la partie principale du temple Puzhao s'est écroulée. Partout, il y a des ruines ! Des corps, partout ! » Puis, plus de réseau.

Onze heures du soir passées. Nous avons progressivement glissé du tumulte au silence absolu. Le bilan avancé par le gouvernement est alors de plus de 8 000 morts. Nous faisons face à l'ascenseur quand deux ombres fantomatiques se profilent le long du mur ; je les fixe du regard pour essayer de les identifier. C'est un vieux couple voisin, aux cheveux tout blancs qui porte sous le bras une bâche en plastique et une couette. Jin Qin leur demande gentiment : « Il va bientôt pleuvoir, et vous voulez tout de même sortir ? » Le couple lui renvoie la

---

1. Ville du Hebei située au sud-est de Pékin.

question : « L'immeuble est complètement vide, et vous voulez tout de même y entrer ? »

Il n'y a plus d'éclairage. Nous nous tenons la main, nous fiant à notre intuition. Nous progressons à l'aveuglette, comme si nous étions arrivés dans un mythique palais des Enfers.

Une fois rentrés dans notre appartement, nous allumons la lumière et la télévision. Les murs ont semblé grelotter à plusieurs reprises. L'eau minérale dans la bouteille s'agite : encore une secousse claire et distincte ! J'attends que l'ordinateur démarre, quand, sous mes pieds, le sol se met à trembler de nouveau ; une décharge électrique venue des profondeurs terrestres est montée le long des pieds de chaise.

Vais-je finir comme les milliers de victimes de ce tremblement de terre, soudain englouti ?

Je me rappelle alors les propos d'Héraclite d'Éphèse, philosophe de la Grèce antique, qui disait : « Que l'on monte ou que l'on descende, c'est toujours le même chemin... »

Dans un immeuble isolé

13 mai au matin

Le temps est glacial et il se met à pleuvoir.

Je suis totalement désemparé. Au bout d'une heure, plus de courant. « Xiaojin! » hurlé-je à gorge déployée. Le plancher a remué plusieurs fois. En une demi-seconde ou, plutôt, un demi-siècle, Xiaojin me répond d'une autre pièce : « Laowei, qu'est-ce que tu as à crier comme ça? À quoi tu joues? » À peine a-t-elle terminé sa phrase que l'armoire murale accrochée au-dessus d'elle émet quelques craquements puis les portes s'ouvrent toutes seules, comme si la main d'un esprit tapi dans l'ombre s'évertuait à nous terroriser. Jin Qin et moi restons un moment sur le balcon; tout est absolument noir comme le fond d'une marmite.

J'allume une bougie. L'amertume du poète exalté m'envahit tout à coup. Xiaojin fait la moue. Elle se lève, fouille les armoires et les boîtes, et y trouve une demi-bouteille d'alcool fort recouverte de poussière. Nous nous en versons chacun une petite dose : nous avons le menton aux trois quarts calciné par de l'alcool à 90° C!

En cet instant particulier où des milliers de gens viennent de perdre la vie, nous, nous nous permettons de boire ce genre de breuvage. En quelques gorgées, la tête nous tourne; notre larynx crépite comme une mèche de bombe prête à exploser. Nous nous voyons contraints d'assécher une bouteille d'eau minérale.

Face à la lueur sauvage du temps qui s'écoule, le sang me monte à la tête; je sors mon dongxiao[1] et souffle dedans à en perdre haleine. Je m'exerce ainsi plusieurs minutes avant de trouver la bonne tonalité. Je demande à Xiaojin ce qu'elle en pense. Bizarrement, elle se met à me faire un grand numéro de flagornerie, me disant qu'un son d'une telle finesse se devait de figurer dans le portable pour que nous, deux rescapés cloîtrés dans une tour en ruine, l'offrions en cadeau aux victimes.

Les bougies se sont éteintes. Nous continuons à boire. J'ai l'impression d'avoir été empoisonné. Dehors, le bruit que fait la pluie est de plus en plus intense. Vers quatre heures

1. Instrument de musique traditionnel. Sorte de flûte de Pan (flûte verticale) aux extrémités inférieures ouvertes.

du matin, j'entends un vacarme sourd dans le couloir. Ce n'est pas une secousse, mais plutôt des bruits de pas, relativement nombreux, désordonnés.

Étrangement surexcités, nous ouvrons la porte blindée. Je descends au rez-de-chaussée et tombe sur un groupe de personnes qui, dans la plus grande confusion, transportent un fauteuil roulant et un vieil homme hémiplégique emmitouflé dans une couverture en coton. Le mélange des oscillations de la lampe torche et des quintes de toux déchirantes me fait penser à une fresque représentant le purgatoire.

Je retourne à l'appartement tout en marmonnant : quand on en arrive là, me dis-je, à quoi bon échapper au séisme ? Ces balivernes blessantes ont, à coup sûr, déplu au Ciel, car, immédiatement après, la terre se met à trembler, par deux fois. Cela nous effraie tellement que, sans réfléchir, nous nous écrions : « Nous sommes ivres ! »

Le lit sur lequel je suis allongé s'est soulevé à deux ou trois reprises, puis a fait plusieurs embardées ; Xiaojin, comme possédée par ses rêves, a sauté par terre, pieds nus. Moi, je n'ai plus la force de bouger. Il est un peu plus de sept heures du matin et, à cause des secousses, nous avons toujours les yeux ouverts.

13 mai dans la journée

Pluies diluviennes et vent violent.

Un monde fou continue à vivre en plein air alors que nous, qui avons peur du tremblement de terre, du froid, du désordre, de l'errance, des épidémies, nous avons choisi le pis-aller et restons tapis à la maison.

Le soir, nous recommençons à boire. Xiaojin regarde attentivement les « Nouvelles en direct » sur Chengdu-TV, en poussant, de temps à autre, des cris de frayeurs.

14 mai à midi

Le temps s'éclaircit.

La panique continue à régner sur la ville. En plus de la nourriture, la population achète en surabondance de l'eau minérale. Un bon nombre de gens viennent en voiture des alentours de Chengdu pour en prendre des pleins cartons. Les stocks d'eau des supermarchés sont rapidement dévalisés. Puis, c'est au tour des petites boutiques et des entrepôts de connaître le même sort. Même à Wenjiang les habitants ont rapidement pris le pli; les scènes de bagarre pour obtenir de l'eau sont monnaie courante. Comme nous ne pouvons pas rester complètement à l'écart de toute cette agitation, nous arrachons deux packs à cette marée humaine, soit quarante bouteilles. Nous y avons été encouragés par les appels téléphoniques de deux, trois amis qui nous ont averti que des fuites avaient été repérées autour des usines utilisant des produits chimiques, en amont de Chengdu, et que les cours d'eau sont déjà pollués.

Mais la télévision commence à démentir. Tout en ordonnant aux citadins de faire attention à l'eau qu'ils boivent, elle demande à tout le monde de se méfier des oiseaux de mauvais augure, de les dénoncer, de les mettre au jour.

Le 14 dans l'après-midi

Le temps est clair et venteux.

Les chaînes de télévision locales de Chengdu diffusent conjointement, 24 heures sur 24, les « Nouvelles en direct » du tremblement de terre. Après des dizaines d'heures d'une lutte acharnée, les pompiers parviennent enfin à sauver une jeune fille enfouie sous des décombres du côté de Dujiangyan, le jour de son vingtième printemps. Alors qu'elle est encore toute terrorisée, les pompiers qui l'entourent comptent jusqu'à trois et entonnent en chœur « Joyeux anniversaire ! ».

Il y a encore des dizaines de personnes, comme cette jeune fille, entre la vie et la mort. Quel que soit l'instant, les Chinois ont toujours cette propension au divertissement imbécile.

Ce qui suit, ce sont des images d'écoles élémentaire et primaire en ruines, de milliers d'enfants enterrés et de quelques rescapés que l'on a extraits. Les parents qui ont échappé à la mort, ensanglantés, pleurent. Jour après jour, quart d'heure après quart d'heure, ils patientent à côté des montagnes de débris. C'est véritablement le yin et le yang, deux mondes parallèles, l'intérieur d'où proviennent des gémissements et des lamentations de douleur, et l'extérieur où l'on se frappe la poitrine et où l'on trépigne à tout rompre. Mais, avec la seule énergie des parents et quelques outils rudimentaires, on ne peut soulever ces dizaines de tonnes de béton armé. Le goût amer de la mort attendue !

Les secours arrivent des dizaines d'heures plus tard ; après un terrible vacarme, l'enfer est redevenu silencieux. Puis, les grues et les bras s'entrecroisent, luttent pendant plus de dix heures. Le nombre de survivants risque de ne pas excéder les quelques pour cent.

Les secousses gagnent du terrain

15 mai

Le temps s'adoucit.

De sept heures à huit heures du matin, je réponds comme convenu à l'interview d'une chaîne nationale américaine. C'est la première fois de ma vie que j'accepte un « entretien matinal ». Tout est confus dans mon esprit et je pense que j'ai débité pas mal d'âneries, mais le présentateur me gratifie quand même d'une série de « *wonderful* ».

Ensuite, de l'étranger, je reçois des messages téléphoniques de soutien aux sinistrés, en particulier celui de mon traducteur anglais, Lao Huang. À ma grande honte, j'avoue avoir déjà pris l'habitude de ne plus rien prendre au sérieux, et, malgré moi, je joue le rôle de colporteur de rumeurs : selon des sources sûres, le tremblement de terre repose sur de longues jambes et se déplace vers le nord. La raison en est que les scènes de secours aux victimes dans un Sichuan en pleine effervescence l'ont fait fuir. Peut-être, qui sait, un jour, il franchira le pôle Nord pour aller secouer les États-Unis ?

Je continue de regarder la télévision. L'Armée populaire de libération a trouvé un corps dans le village de Jiufeng, dans le bourg de Longmen à Chongzhou. Comme ce corps est bloqué sous les ruines, une dizaine de soldats, comme au jeu de la corde, tentent de l'extirper en criant : « Oh ! Hisse ! » Sans succès. Après discussion avec la famille du défunt, un officier propose de prendre une tronçonneuse pour lui trancher les bras. Aucun autre choix ne semble possible ! La famille donne son accord sans attendre. « De toute façon, il n'est déjà plus de ce monde. Faites comme vous voulez. » Le mort est découpé avec force bruits. J'aperçois quelques images, et on passe à un autre sujet.

L'émotion passée, je retombe dans ma somnolence. Ensuite, je bois un coup pour affronter la nuit qui se prépare.

Entre-temps, j'ai téléphoné à ma mère qui, prise d'une colère irrépressible, m'a demandé à quoi cela servait d'élever des enfants si, dans les moments critiques, ils en oubliaient leur mère. J'ai à peine eu le temps de lui expliquer que

Wenjiang aussi est une zone sinistrée et que le jour du tremblement de terre, on pouvait y aller mais pas en sortir, qu'elle me raccroche au nez en me lançant un « pff! » réprobateur. Quand je la rappelle pour la seconde fois, elle a des sourires dans la voix et insiste pour que je vienne me réfugier loin des zones sismiques, dans la montagne, et que je rejoigne le clan familial.

16 mai

Le ciel s'assombrit et la chaleur est étouffante.

À midi, mon ami Kun Peng qui habite dans la montagne, à l'extérieur de Qingcheng, vient me rendre visite. Il m'invite très chaleureusement, ainsi que Xiaojin, à « expérimenter la vie en zone sinistrée ». Cela correspond exactement à mon souhait. Nous partons immédiatement avec la voiture.

Peu de temps après être sortis de Wenjiang, nous tombons sur un poste de contrôle qui nous oblige à présenter nos papiers. Kun Peng demande si la « carte d'identité » de Chengdu est valable. L'officier de police répond que non. Il en faut une de Dujiangyan. Kun Peng, qui avait résidé quelques années dans les régions montagneuses de Qingcheng et se prenait pour un campagnard de souche, se vexe et téléphone à un gradé de la police. En quelques phrases, la situation se débloque. Nous roulons à tombeau ouvert, fiers comme des coqs, sur une large route où nous doublons parfois des camions transportant du matériel de secours.

À l'approche du bourg de Daguan, la route se rétrécit. Les habitations délabrées abondent. Sur celles qui tiennent encore debout, les fissures apparentes les rendent inhabitables. Les tentes de survie multicolores installées de part et d'autre de la route me font penser aux stands que l'on peut voir dans les marchés ruraux. Malgré les touchantes banderoles sur lesquelles est écrit « Unissons-nous pour lutter contre le tremblement de terre et sauver des vies ! », les sinistrés désœuvrés sont parqués çà et là, et ressemblent à des chiens de la campagne qui circulent, sans but, en meute. Kun Peng passe la tête par la fenêtre pour les saluer. Des hommes torse nu buvant du thé ou jouant au mah-jong lui répondent par un sourire. Kun Peng leur hurle : « Eh ! Les sinistrés ! Vous ne pourriez pas ressembler un peu plus à des sinistrés, non ? Comment pouvez-vous jouer au mah-jong dans de telles circonstances ? » Ils éclatent de rire. Une paysanne lui rend la politesse : « Et toi ? Tu es un cadre de quel échelon ? Mêle-toi de ce qui te regarde. » Un autre lui lance encore : « Personne ne ressemble à un sinistré ici. Il n'y a que toi qui en aies l'allure. »

Battus dans la joute verbale, nous nous enfonçons dans la zone sinistrée. Le long du chemin, comme toujours, fleurissent les tentes de survie qui ressemblent à des stands de foire. « Que va-t-il se passer ensuite ? dis-je sottement inquiet. Combien de temps va durer cette vie en collectivité quasiment à ciel ouvert ? » Kun Peng me répond : « Quand les vieilles maisons s'écroulent, on en construit de nouvelles. Les gens ne sont pas tous des lettrés, ils ne se cassent pas tous la cervelle comme toi. »

La voiture s'arrête dans le village qui jouxte le temple Puzhao. La façade de cet édifice bouddhique s'est déjà effondrée. L'intérieur de la salle principale est, paraît-il, en ruines et les moines ont tous fui. Pour des raisons de sécurité, je ne peux pas aller vérifier. Dans la dense forêt de bambous qui domine le groupe de tentes, lieu originellement destiné aux gens de passage désirant déguster du thé, nous bénéficions chacun à titre gracieux d'une petite bouteille d'eau minérale de la marque « Glacier du Tibet ». Ce genre de produit de premier choix n'est pas très bien perçu dans les zones sinistrées. Les bouseux préfèrent les grandes bouteilles pour étancher leur soif.

Kun Peng et les paysans locaux se sont déjà rassemblés et discutent entre eux des secours à apporter aux victimes, insistant sur le fait qu'il faut absolument une distribution égalitaire, que chacun doit avoir sa part, que l'on se trouve en haut ou en bas de la montagne, surtout concernant le riz, les nouilles et l'huile. [...]

Puis, ce sont des éclats de rires. C'est dans la nature des Sichuanais : ils ne manquent jamais une occasion de plaisanter, ne craignant jamais de railler la mort. Un patron de magasin de thé qui a tout perdu dans l'effondrement de sa boutique invite même à plusieurs reprises Kun Peng à jouer aux cartes. Kun Peng décline l'invitation : l'électricité a été coupée par le tremblement de terre. On ne peut pas jouer dans le noir. Le patron lui rétorque qu'il n'y a qu'à allumer des bougies. Faire une partie de mahjong la nuit, ça donne du piquant au jeu. « La flamme n'arrête pas de vaciller, lui répond Kun Peng. Elle va rameuter les fantômes ! – Un de plus, un de moins, ils ne me font pas peur, lance le patron. Que les morts et les vivants s'amusent ensemble ! – Ça t'arrange de penser comme ça ! conclut Kun Peng. Je comprends très bien ton intention. Tu veux profiter de la nuit pour me rafler mon argent. »

Il n'est pas encore cinq heures et j'ai déjà faim. Comme il n'y a pas de restaurant dans la zone sinistrée, nous escaladons le flanc de la montagne et pénétrons dans l'antre de Kun Peng pour y chercher de quoi manger. C'est une grande demeure qu'il a édifiée de ses propres mains avec des matériaux robustes, dans les règles de l'art, ce qui explique que, pendant les secousses, elle est restée fièrement debout. Peu de temps après, un plat de viande et deux de légumes nous sont servis. En plus du maître de maison et des locataires, soit trois personnes, il y a également une jeune Tibétaine, Drolma, ainsi qu'un couple de paysans d'âge moyen. Dans les zones sinistrées, un tel train de vie est considéré comme de la corruption. Kun Peng sort en douce un flacon d'alcool de prune et en verse d'abord un plein verre au paysan, aux sourcils fournis et aux yeux exorbités, puis le complimente : le vieux Wang est un héros du tremblement de terre, au même titre que Lu Zhishen[1] !

Interloqué, je lui demande ce qu'il entend par « au même titre que Lu Zhishen »?

« C'est à peu près ça, répond Kun Peng qui cligne des yeux. Il a extrait des ruines le petit-fils de son patron. »

Eh ! Quelle aubaine ! Je sors mon dictaphone et commence ma première interview.

Lao Wang, de son vrai nom Wang Keliang, est âgé de quarante-trois ans. Il habite le village de Qingtian, dans le bourg de Qingchengshan.

---

1. Un des nombreux personnages du roman *Au bord de l'eau* écrit par Shi Nai'an (XIVe siècle).

C'était un agriculteur vivant du produit de la montagne qui, les choses évoluant, a subi le contrecoup de la mode, où « l'accent était mis sur l'édification de l'économie ». Sous la double menace du gouvernement et des promoteurs, il a dû déménager avec tout le village et faire une croix, les larmes aux yeux, sur des générations de vie paysanne.

Lao Wang avait intelligemment transformé sa peine en force et réussi à se recycler sans difficulté. Il était passé de mineur dans une entreprise privée, placée sous la coupe du groupe Qingrong, à chauffeur de confiance du P-DG. Une minute avant le tremblement de terre, il était en train de se préparer un thé dans sa guérite. À peine avait-il plongé les feuilles dans la tasse que les secousses se sont fait sentir. « La tasse s'est mise à voler, à la vitesse d'un cheval au galop. Aussitôt après, le ciel s'est animé et la terre a tangué. La violence des convulsions dépassait de loin celle d'un coup de pied vigoureux. Je suis sorti immédiatement en hurlant : " La terre tremble ! La terre tremble ! " J'ai couru, couru ! Le patron et les employés sont descendus en trombe, à la queue leu leu. Le mur d'enceinte et les maisons dansaient en faisant de petits sauts. Ma voiture était devenue un crapaud bondissant de droite et de gauche. C'est une chance qu'elle n'ait pas fini en pièces. »

Le vieux Wang avale une gorgée d'alcool pour se calmer. Puis, il enchaîne : « La famille du patron habite dans Dujiangyan. Son petit-fils de trois ans allait dans le meilleur jardin d'enfants pour riches de la ville, Baobaojia. Le patron m'a ordonné d'aller le récupérer sur-le-champ. C'est dans les moments d'infortune que l'on voit la réalité des choses. J'ai démarré la voiture et, dans l'instant, elle s'est projetée comme une bombe. Je suis arrivé à Dujiangyan en quelques minutes. »

Le vieux Wang se frappe la cuisse : « Je conduisais une fusée ! Les pneus ne touchaient absolument pas terre ! J'étais un extraterrestre. Mes yeux ne savaient plus cligner. Mon crâne brûlait d'envie de traverser le pare-brise. J'ai regardé l'heure : j'ai débarqué à Dujiangyan à 2 heures 35 ! Sur le chemin du retour, j'ai petit à petit recouvré une vue normale et pu voir les nombreuses maisons écroulées et un flot de gens la tête en sang. Un malheureux avait été abandonné là. Il était tombé, droit comme un i, la tête en bas, dans un fossé. Il agonisait depuis des heures sans que personne ne soit venu l'en sortir.

À Dujiangyan, c'était encore plus poignant, une catastrophe sans précédent. Les immeubles les plus rutilants ressemblaient à un empilement de boîtes d'allumettes. Pour s'être écroulé, ça s'était écroulé. Les gens étaient comme des rats effrayés, la tête et le visage couverts de poussière, courant en tous sens, ne se souciant pas des voitures. Peut-être qu'un court-circuit s'était produit dans leur cerveau et qu'ils faisaient tout pour se faire percuter. J'ai décidé alors, sans prêter attention à ce qui m'entourait, de tour à tour freiner et accélérer. En quelques détours, je suis entré dans le jardin d'enfants qui se trouvait à l'intérieur du palais de la Jeunesse. Là, j'ai vu, massés sur les marches, des enfants ayant l'allure de jeunes poulets tout droit sortis d'une fosse creusée dans la terre. Certains pleuraient en hurlant, d'autres étaient terrorisés, mais ne versaient pas de larmes. Sans piper mot, j'ai attrapé le petit-fils du patron, je l'ai jeté dans la voiture et j'ai débarrassé le plancher. Toutes les maisons alentour s'étaient effondrées. Le bâtiment du jardin d'enfants risquait de finir en miettes à tout moment ; les professeurs avaient disparu. Où étaient-ils allés ? Personne n'en savait rien. »

Le vieux Wang nous raconte également qu'à certains endroits la terre était fissurée et qu'à d'autres le sol s'était affaissé de vingt centimètres.

Alors que la discussion bat son plein, il stoppe soudain son récit. C'est parce qu'il n'y a plus assez d'alcool. Kun Peng demande à ce qu'on se débrouille pour en trouver. On récupère une demi-bouteille de Dongtianrujiu (alcool doucereux inventé par un moine taoïste de Qingchengshan). Nous nous jetons dessus et, en quelques gorgées, la marchandise est consommée. « Même si nous remplacions l'alcool par de l'eau, dit Kun Peng, cette scène pourrait être considérée comme un acte dépravé. » Aussi, nous quittons notre place pour nous installer dehors.

Nous nous sommes à peine rassis que la terre tremble violemment. La chaîne montagneuse, plongée dans la pénombre, ressemble à un gigantesque meuble de cuisine qui fait un vacarme assourdissant. Les poutres lui font chorus. Quelques tuiles tombent dans le torrent dans un bruit sec. Le vieux Wang et son épouse prennent congé de nous. La conversation dévie vers un autre sujet.

Dujiangyan, zone sinistrée

17 mai, à l'aube

Le temps est humide et il bruine légèrement.

Il n'y a pas le moindre rai de lumière. Aussi, nous allumons une bougie devant l'entrée de la chambre. Je suis encore tout fier de ma petite phrase : « Et Dieu dit : " Que la lumière soit, et la lumière fut " », quand la terre tressaute de nouveau. La bougie s'éteint. Xiaojin et moi nous arrêtons net et attendons que les secousses s'estompent. À ce moment précis, c'est comme si je palpais les crevasses du cœur de la terre. De la lave en fusion encore plus épaisse que du sang suinte doucement.

La chambre à coucher adossée à la montagne se trouve au fond d'un trou creusé dans le sol. Je me glisse sous la couette humide. J'ai aussitôt la chair de poule. Xiaojin ressemble à l'âme d'un défunt qui vogue dans les airs. Mon esprit se trouble. Il pleut, ensuite le vent se lève, puis je crois entendre le tonnerre ; encore plus tard, le lit et les poutres commencent à vibrer. Manifestement, je rêve, les deux yeux grands ouverts. Les montagnes s'esclaffent perfidement. Un appel strident nous arrive du dehors : « Oncle Kun Peng! Oncle Kun Peng! C'est Drolma! » Xiaojin s'est assise. Je soliloque en dormant : ça bouge, merde. Ça bouge. Personne n'en mourra!

Paf! Paf! Des morceaux de tuile tombent encore dans le torrent, musique limpide et subtile, comme à la fin du chant sacré sanskrit qui décrit le paradis de la Terre Pure.

17 mai, dans la matinée

Le temps est clair et la fraîcheur s'est changée en chaleur accablante.

Je me suis réveillé bien avant sept heures, mais je ne suis sorti du lit qu'à huit heures. Le monde semble ne pas avoir changé. Les ginkgos millénaires sont d'un vert éblouissant. Nous terminons notre petit déjeuner frugal quand arrive le couple préalablement convié par Kun Peng, Yang Wenchang et son épouse. Nous entamons la conversation, puis, tout de suite après, je rédige un article intitulé « Yang Wenchang, le miraculé ».

Le 17 mai, dans l'après-midi

Le ciel est dégagé et la chaleur insoutenable.

Nous rentrons sans encombre à Wenjiang. Mademoiselle Fukushima, journaliste au *Sankei Shimbun* est venue m'interviewer. Pendant l'heure passée dans le salon de thé, au bord de la rivière, j'ai fait de grands gestes et envoyé des coups de pied et des coups de poing sans parvenir à exprimer ce que je ressentais au fond de moi. Parfois, je m'apercevais que Mademoiselle Fukushima, le visage couvert de poussière, était décontenancée par mon attitude, alors je me suis arrêté de parler.

Ensuite, je suis allé dans un cybercafé. Sur le Net circule la photo d'une idylle indéfectible : conduisant une moto, un homme vêtu de bleu porte sur son dos le cadavre d'une femme en habit rouge. Comme si elle était toujours en vie, elle lui enlace fermement la taille. Le crématorium n'était pas loin, c'était l'ultime voyage.

Gardera-t-il cette corde qui enserre son corps? pensé-je. L'être humain, d'ordinaire si fragile, est, parfois, tout aussi obstiné.

De retour à la maison, je mets de l'ordre dans les enregistrements que j'ai faits hier. Xiaojin pointe du doigt les détails importants qui m'ont échappé : « Lao Wang, l'alcoolique, témoin de la mort affreuse de sa nièce, pleurait encore à chaudes larmes. Elle se souvient : « Pendant le bref instant où la maison s'est écroulée, la mère, vingt et un ans, d'un geste instinctif, a pris dans ses bras son bébé âgé de quelques mois seulement. Le toit s'est effondré sur son dos et l'a ensevelie. Ensuite, en entendant les pleurs du bébé provenant des décombres, les gens ont creusé de toutes leurs forces. » Finalement, Lao Wang a pu apercevoir le crâne de sa nièce, une pastèque pourrie qui aurait grandi sur les ruines. Il s'est précipité en hurlant, a tenté de la dégager, mais il s'est vite rendu compte que le cou tout flasque de la femme ne pouvait plus soutenir sa tête. Par chance, le bébé qui se trouvait sous elle, sous la charpente effondrée, n'avait rien. »

En entendant cela, je suis atterré. Alors, je trifouille la bande plusieurs fois. En effet, je ne retrouve rien de ce témoignage. Les cris des buveurs de bière ont bien été enregistrés, mais il me manque ces précisions-là. Xiaojin est hors d'elle. Je lui fais de plates excuses, reconnaissant que mon amour pour la boisson m'a fait manquer à mes obligations. Eh! Je ne suis plus tout jeune et ma mémoire n'est plus ce qu'elle était.

19 mai en journée jusqu'à vingt heures

Il y a du soleil.

Le nombre de morts annoncé par le gouvernement a déjà dépassé 40 000. L'après-midi, le drapeau est en berne dans tous les endroits du pays. On fait retentir la sirène et on rend hommage aux victimes du séisme. C'est une première dans l'histoire de la République populaire. Le tremblement de terre de Tangshan du 28 juillet, il y a de çà trente-deux ans, avait fait 240 000 morts et, non seulement on n'avait ni mis le drapeau en berne ni rendu le moindre hommage à quiconque, mais, en plus, on avait continué la révolution. *Le Quotidien du peuple* de l'époque n'avait publié le communiqué de l'agence Chine nouvelle que le lendemain. Il avait titré : « Un violent tremblement de terre s'est produit dans la région de Tangshan et Fengtai. Guidée par la ligne révolutionnaire du président Mao, la population des zones sinistrées a fait la démonstration éclatante de la supériorité de l'homme sur la nature en combattant le tremblement de terre et en venant en aide aux victimes. » Une suite ininterrompue de reportages avait été diffusée, incluant celui du 5 août : « Critiquons en profondeur Deng Xiaoping afin de stimuler la production. Aidons les zones sinistrées et n'hésitons pas à leur apporter notre contribution. Un grand nombre de cadres et les populations du Hebei et du Liaoning ont entrepris des actions concrètes pour soutenir le travail de lutte contre le séisme et d'aide aux victimes de la région de Tangshan et Fengtai ». Et celui du 28 août : « Critiquons en profondeur Deng Xiaoping pour vaincre la catastrophe sismique », et *tutti quanti*.

S'ils étaient encore de ce monde, je ne sais pas comment réagiraient Mao et Deng face aux changements de la société actuelle. Bien entendu, les despotes ne se livrent jamais à un examen de conscience, même quand la partie est perdue. Plus de deux mois après le tremblement de terre de Tangshan, Mao s'est éteint. Tout le pays, à l'exception de Taïwan, avait mis le drapeau en berne, avait porté le deuil, lui avait rendu hommage pendant trois jours. Les dizaines de milliers d'âmes englouties par cette catastrophe étaient devenues les sujets de la suite qui accompagnait dans sa tombe le « Soleil rouge », celui qui « avait cherché le bonheur pour son peuple ».

Sur les chaînes de télévision, on diffuse encore et encore les prévisions concernant le séisme, en appelant la population à fuir en direction de lieux plus dégagés. Tout cela n'est vraiment pas à prendre à la légère. À la nuit tombante, les scènes suivant le tremblement de terre du 12 mai me font penser aux vieux classiques que l'on repasse sans arrêt. Les habitants de la ville entière viennent en aide, du mieux qu'ils le peuvent, aux vieux et aux enfants, occupent les terrains vagues, installent un peu partout des tentes en toile cirée. Encore une fois, notre vieil immeuble se vide de ses résidents. Le vieillard hémiplégique qui d'habitude ne sortait jamais est une fois de plus transporté sur sa chaise hors de chez lui. Quelque part, en bas de l'immeuble d'en face, un bruit terrifiant de porte que l'on martèle comme un tambour de guerre a duré près d'une demi-heure, mettant mes nerfs à rude épreuve. Je hurle : « À quoi jouez-vous ? Vous ne pouvez pas laisser les gens en paix ? » On me répond : « Il refuse obstinément d'ouvrir la porte. Ce vieil emmerdeur ne tient vraiment pas à la vie. » Je lui demande qui est ce vieil emmerdeur. Il me répond qu'il s'agit de son père.

Un fils dévoué, formidablement dévoué, me dis-je à voix basse. Ensuite, je propose à Xiaojin de descendre dans la rue pour assister au spectacle. Le soleil est en train de se coucher. Il a l'aspect d'un œuf de cane, semblant exhaler un parfum salé. Un groupe de personnes réunies près du pont pousse de hauts cris. Nous nous en approchons et nous voyons deux, trois serpents d'eau qui se laissent porter par le courant, puis qui grimpent sur la rive. Ce soir, il y aura une secousse ! Certaines personnes téléphonent avec leur portable en hurlant : « Les serpents ont accosté ! C'est un signe ! »

« C'est tout à fait exact, acquiesce un bon nombre de voix. Des crapauds ont surgi hors de l'eau pour atterrir dans les parcs qui bordent le lac. Étiez-vous au courant que quelques jours avant le 12 mai, dans le district de Mianzhu, plus de dix mille de ces batraciens avaient déferlé dans les rues ? »

On ne peut y échapper. On ne peut échapper au séisme. Les ondes sonores de la foule se propagent. Les rues sont congestionnées par des embouteillages inextricables. Xiaojin et moi sommes gagnés par cette hystérie et errons machinalement pendant des heures. Lorsque nous rentrons à la maison, au beau milieu de la nuit, dans cet immeuble désert, je reçois un appel téléphonique de ma mère. Comme elle n'arrivait pas à s'habituer à la maison de Mumashan, elle était retournée en cachette à Baiguolin à l'insu de ma petite sœur. Mais au bout d'une journée, l'alerte avait été donnée. Elle ne supportait plus de devoir déambuler dans les rues avec les habitants de Chengdu, les uns collés aux autres jusqu'au milieu de la nuit. « D'habitude, je vais au lit à dix heures, raconte-t-elle; à présent, à minuit passé, je suis encore dehors. » Je veux savoir pourquoi elle ne va pas se coucher. Elle m'explique que quelqu'un surveille l'entrée et ne laisse passer personne. Je lui demande en quoi réintégrer sa propre maison pose problème. Elle me répond qu'elle doit attendre jusqu'à deux heures.

20 mai, en journée

Le temps se couvre et devient lourd.

À midi, en rentrant à Baiguolin pour rendre visite à ma mère, je tombe précisément sur mon frère, Damao. Nous nous rendons ensemble à Dujiangyan. Il est un peu plus de trois heures, quand nous entrons dans la ville. L'antique cité millénaire semble avoir essuyé une guerre de tranchées. Il y a des tentes à perte de vue et des grappes de réfugiés, l'air apathique. Même le Klaxon des voitures qui les frôlent semble se joindre à eux dans leurs lamentations. Je ne sais si c'est par crainte d'éventuelles répliques ou par peur des épidémies, tous les magasins ont baissé leur rideau et les immeubles se sont vidés de leurs habitants. Damao cherche à se procurer quelques bouteilles d'eau. Il arpente plusieurs rues pour finalement revenir bredouille.

Je baisse la vitre pour observer un groupe de buildings futuristes et rutilants. Ils sont fissurés de partout. Ils ressemblent à des mastodontes blessés mortellement qui, à tout moment, menacent de s'écrouler. Damao arrête la voiture, prend en photo une vieille pagode qui pointe vers les nuages et dont les blessures ont la forme de pythons liés par la queue se creusant en s'élevant. Une odeur de désinfectant nous arrive, portée par le vent. Je ne peux me retenir de tousser, mais j'invite mes compagnons à me suivre. Ce qui nous attend plus loin est encore plus terrifiant.

Je descends la rue de l'Édification où les passants sont plus clairsemés que jamais. À une patte-d'oie, nous tombons sur un poste de garde de la police militaire. Damao exhibe sa carte de journaliste-photographe et la voie se libère. Ensuite, c'est un florilège de scènes de films de la Seconde Guerre mondiale, des ruines et des débris de murs, dans un chaos de reliefs entrelacés. Les pelleteuses sont en train de déménager les gravats. Des morceaux de parpaings sont encore suspendus dans le vide. Damao tente de découvrir parmi les décombres de nouveaux éléments de tournage. Xiaojin se tient entre deux bâtiments délabrés et observe un véhicule qui a été transformé en un genre de tortillon frit : c'est curieux, qu'est devenu le chauffeur ?

L'odeur de désinfectant, ou plutôt l'odeur de corps en décomposition, ainsi qu'un mélange de toutes sortes d'odeurs douteuses deviennent brusquement plus intenses, me piquent les yeux et m'obstruent la poitrine. À bout de patience, Xiaojin se met à hurler : « Fichons le camp ! » Mais pourquoi ai-je oublié de récupérer les masques proposés par les bénévoles ?

À Dujiangyan, je me retrouve face à un étrange phénomène : les anciens bâtiments, malgré leur teinte grisâtre, n'ont subi pratiquement aucun dommage. Les résidents de la première heure, les indigents, ont été placés sous la protection divine. Ils circulent librement, plus vivants que jamais, alors que, dans le même temps, les immeubles édifiés ou remis à neuf récemment se sont totalement effondrés. Dans une villégiature saisonnière située au pied de la montagne, tout s'est incliné, affaissé, brisé. Deux personnes accompagnées de leur chien sont encore là en train de siroter un petit alcool. Au moment où la voiture s'approche des ruines, ils se lèvent pour examiner nos papiers. Le chien nous aboie dessus à plusieurs reprises. Le bâtiment principal n'a déjà plus sa façade et seul son squelette tient encore debout. Xiaojin lève la tête et aperçoit un canapé, une table à thé et quelques plantes vertes en pot se balançant au dernier étage qui semblent vouloir tomber, mais ne tombent pas.

« Quel dommage ! dit-elle en ne cessant de soupirer.

— Puisque tu trouves ça dommage, lui rétorqué-je, tu n'as qu'à monter les chercher toi-même et les rapporter à la maison.

— C'est criminel de profiter ainsi de mes faiblesses, me répond-elle.

— Il n'y a que le crime qui soit excitant, lui dis-je.

Avec ta petite taille, tu peux entrer sans qu'on te voie.

— Les morts se comptent par milliers, me lance-t-elle, et tu oses faire ce genre de plaisanterie. Tu mériterais que ta langue pourrisse. »

Dans la pénombre du crépuscule, nous suivons le chemin de montagne pour monter sur le toit du temple Erwang. Tous les édifices imitant l'ancien ont été détruits par les éboulements. Les débris sont éparpillés pêle-mêle. Damao et Xiaojin s'empressent de prendre des photos en souvenir. Puis, nous redescendons. Nous arrêtons la voiture pour observer de haut les travaux d'aménagement hydraulique réalisés par Li Bing et son fils, il y a plus de deux mille ans. Le système d'irrigation est encore sur pied, et, bien que la digue de Zhulong ait été reconstruite en béton armé, la structure existe toujours. À côté, il y a une centrale hydraulique désaffectée, encaissée comme une vallée, et certaines de ses colonnes ressemblent à l'ossature d'un dinosaure. Des montagnards nous racontent que c'est l'URSS qui a aidé à la construction des vieilleries de plus de cinquante ans et qu'elles sont toujours aussi solides. « Regardez autour de vous, nous disent-ils, les montagnes et les bâtiments ont été réduits en poussière, même le temple Erwang s'est effondré, seul ce truc soviétique dont on ne sait quoi foutre ne s'est pas écroulé. Il tient debout, là, tout seul. Je répète que oui, c'est vrai, l'URSS s'est effondrée, lui non, ce qui prouve que ce machin est plus fort que la politique. »

L'interview de Xiaojin

21 mai

Le temps est mitigé.

Après le déjeuner, Xiaojin se regarde sous toutes les coutures devant la glace, s'arrange pour faire moderne, puis descend l'escalier. Je lui demande où elle va. Elle me lance un sourire très singulier. Il y a anguille sous roche.

J'apprends plus tard que, quelques jours auparavant, elle avait donné rendez-vous à quelqu'un pour l'interviewer. À présent, elle agit seule. Sa nouvelle amie s'appelle Wu Yan. Elle a trente et un ans. Elle a ouvert une boutique de vêtements dans un quartier animé situé à quelques centaines de mètres de chez nous.

Ci-dessous se trouve le témoignage oral de Wu Yan, rescapée du séisme, mis en forme, agencé et retouché par Xiaojin :

Je suis la fille d'un professeur associé de l'université d'agronomie. Malgré cela, je ne suis allée que dans une école secondaire spécialisée. À vingt-deux ans, je suis tombée amoureuse de mon camarade de classe, un certain Zhou, et nous nous sommes mariés. Ensuite, j'ai emménagé avec lui dans une vieille maison à étages, rue Wuduxin dans le bourg de Hanwang, à Mianzhu, où nous avons vécu six, sept ans en compagnie de ma belle-mère. Elle avait divorcé vers l'âge de cinquante ans et avait élevé seule son fils. Elle avait fait de son mieux et sa vie n'avait pas été une partie de plaisir. Elle radotait souvent. Quand quelque chose lui déplaisait, elle ne pouvait s'empêcher de faire des commentaires. Bien que, parfois, elle dépassât les bornes, je me montrais indulgente envers elle. Peu de temps après, j'ai eu un fils. Je savais que l'on manquerait d'argent, alors j'ai dû le lui confier pour que mon mari et moi puissions aller travailler à Canton. Trois ans ont passé à la vitesse de l'éclair et non seulement nous n'avons rien gagné, mais mon mari a dépensé tout l'argent que ma famille lui avait donné. Ah! laisse tomber, je n'ai pas envie de parler de ça. Par-dessus le marché, il avait une maîtresse! Ça m'a vraiment brisé le cœur. Contrariée, je suis retournée à Mianzhu pour récupérer mon fils. Après quelques mois de tractations, je me suis associée avec une jeune femme pour ouvrir une boutique de vêtements. Fin 2007, j'ai téléphoné à Zhou pour le pousser à revenir de Canton afin de régler la procédure de divorce. Bien sûr, j'ai caché tout ça à mon ex-belle-mère. Cette femme avait souffert toute sa vie, je n'avais pas le cœur à la tourmenter.

En avril de cette année, comme son petit-fils lui manquait, ma belle-mère est venue nous rendre visite à Wenjiang. Je me suis efforcée de lui être agréable pendant quelques jours. Durant son séjour, elle a donné beaucoup de vêtements à son petit-fils. Je n'ai pas dit un mot à propos du divorce. Avec force détails, je lui ai même modelé une image idyllique de notre couple. Qui aurait pu prévoir que c'était ma dernière rencontre avec cette vieille femme?

Le 14 mai, soit trois jours après le tremblement de terre, j'ai reçu un appel de mon ex-mari qui me racontait que sa mère avait péri dans le séisme. Il avait pris l'avion à Canton pour rentrer au plus vite chez lui. J'étais dans tous mes états. J'ai aussitôt fermé la boutique et me suis rendue en toute hâte dans le bourg de Hanwang. À ses abords, le long du chemin, ce n'était que décombres divers et maisons délabrées, zébrées d'immenses lézardes. Les rayons du soleil étaient brûlants. Dans l'air flottait un parfum qui n'annonçait rien de bon. Mon cœur battait la chamade. Comme la route était barrée et qu'avec le bus on ne pouvait la contourner, j'ai dû téléphoner à mon ex-mari pour qu'il vienne me chercher en voiture. Il est arrivé dans les dix minutes qui ont suivi; je me suis assise à côté de lui. Après avoir été bringuebalés pendant un bon moment, nous avons traversé la ville et nous sommes tombés sur des équipes de secours qui distribuaient des vivres et de l'eau au bord de la route. Mon époux m'a conseillé de descendre pour s'approvisionner, car, comme les habitations se sont écroulées et que les magasins sont fermés, il n'y a plus aucun autre moyen de se procurer de la nourriture. Alors, nous sommes sorties de la voiture pour aller faire la queue. Mais les réfugiés, dans une panique constante, galopaient en tous sens, se bousculaient, se rentraient dedans, désorganisant la file d'attente. Je me suis immiscée dans cette foule de gens et j'ai bien failli y laisser mes chaussures. Ce qui était encore plus insupportable, c'est que certains réfugiés, après s'être servis, faisaient demi-tour pour en reprendre une deuxième, voire une troisième fois. L'agressivité chevillée au corps, ils prenaient votre place, comme si les choses ne coûtaient rien. Ils voulaient continuer à en profiter jusqu'à la fin de leurs jours. C'en était trop ! J'étais tellement en colère que je n'ai pas pu me retenir de les sermonner : « Des gens vous viennent en aide généreusement et vous vous comportez de la sorte ! » Mais absolument personne ne faisait attention à moi. Les gens étaient maculés de poussière et de terre, probablement traumatisés par les secousses, par la faim ou par le sentiment que l'heure du Jugement dernier était proche. Alors, si manger un peu pouvait permettre de survivre quelques minutes de plus, pourquoi faire des manières ? Quand, non sans mal, ça a été enfin mon tour, il n'y avait déjà plus grand-chose à se mettre sous la dent. J'avais tout le corps en eau. Haletante, je regardais les équipes de secours qui, en me faisant leurs excuses d'un rire forcé, m'avaient tendu trois œufs durs. Cette denrée salvatrice avait vraiment été obtenue au prix d'une dure lutte. De mon arrivée à Hanwang jusqu'à mon départ, soit environ deux jours, j'avais reçu pour seule pitance un œuf. Je pouvais m'estimer heureuse d'avoir quelque chose à me mettre sous la dent.

En arrivant devant le vieil immeuble de la rue Wuduxin, je n'ai presque pas reconnu l'endroit où j'avais vécu! De ce bâtiment de trois étages, il ne restait plus que des fragments de mur. Seuls les deux arbres de la cour intérieure n'avaient pas bougé, droits au milieu des débris de briques et de tuiles. Misère! Le tremblement de terre avait sévi depuis exactement deux jours et ma belle-mère était toujours ensevelie. Personne n'était venu la sortir de là. Des proches, avec leurs seules mains, ramassaient les tuiles et les briques en pleurant. Mon ex-mari suffoquait de chagrin. J'ai crié le nom de sa mère pendant un jour et une nuit. Malgré cela, je ne voyais rien bouger. Je redoutais le pire. Je me disais : qu'elle soit morte ou vivante, il faut quand même la sortir de là! Quelques personnes, comme tirées d'un rêve, ont commencé à occuper la route pour intercepter une pelleteuse.

Au bout du compte, un énorme excavateur de couleur jaune s'est approché de nous à grands bruits. Mon ex-mari lui faisait signe de s'arrêter, le suppliant avec insistance de l'aider à sortir sa mère des décombres. Mais le chauffeur affirmait, embarrassé, qu'il avait une mission et qu'il devait se rendre sans attendre à l'école secondaire Dongqi où, disait-il, des personnes en vie se trouvaient encore sous les gravats. Nous le comprenions et nous l'avons donc laissé partir. Il n'y avait vraiment plus d'autre solution que d'aller implorer l'aide de la pelleteuse qui s'activait chez le voisin. « Elle ne partira pas d'ici, nous a répondu celui-ci. Là-dessous, il y a des survivants, nous ne devons pas perdre une minute. Où vous vous trouvez, que l'on creuse maintenant ou tout à l'heure, ça ne change rien. – Faites, faites, a lâché mon ex-mari, mais pourriez-vous donner quelques coups de pelle afin de déplacer les gros morceaux de parpaings, nous creuserons ce qui reste ? » Il a hoché la tête pour dire non, comme quand on agite un tambourin à hochets.

Comme je ne tenais plus en place, j'ai composé rapidement le 119 où l'on m'a demandé d'indiquer l'endroit où nous étions et on m'a assuré que les secours arrivaient sur-le-champ. Juste à ce moment-là, sous l'action d'une pelleteuse qui déblayait les alentours, une fumée jaune opaque a tout à coup jailli et l'engin s'est arrêté brusquement. L'équipe de secours n'osait plus continuer à fouiller, de peur de provoquer une explosion de gaz toxique. Alors, elle a transféré chez nous le front de la bataille. Le bras de la machine est descendu du ciel et a soulevé des tombereaux de débris, dans un vacarme ahurissant, et, en quelques coups de pelle, a percé un gigantesque trou au milieu des gravats. Instinctivement, je me suis bouché les oreilles, mais j'ai oublié de me pincer le nez et j'ai inhalé plusieurs bouffées de poussière. Alors que je toussais à m'en déchiqueter le cœur et les poumons, un cri d'effroi a éclaté près de ma boîte crânienne. « On l'a sortie ! On l'a sortie ! » J'ai plissé les yeux pour mieux voir. Mon Dieu ! Un corps tout gris était accroché de biais au bord du godet de la pelleteuse. C'était ma belle-mère ! Son bras, pareil à une pelle à cendres, se balançait dans le vide. Ensuite, les cris et les pleurs se sont entremêlés. J'ai posé mes mains sur mes yeux. Mon corps et mon cœur se sont mis à frémir. Quel calvaire ! Je ne pensais pas qu'on extrairait aussi facilement cette femme. J'imagine qu'elle se trouvait au premier étage quand elle a été frappée par le destin, car sa dépouille était intacte.

Ensuite, il a fallu régler la question de l'inhumation. La coutume voulait que l'on incinère le corps, mais, malheureusement, le crématorium avait été dévasté ! Nous avons pu récupérer un panneau de porte pour transporter ma belle-mère et l'enterrer dans son village. En effet, les personnes âgées, attachées à la tradition, tiennent au respect du rite du retour du corps à la terre. Mais les vieilles demeures, à la campagne, s'étaient presque toutes effondrées, à l'exception d'un kiosque en bois près d'une retenue d'eau. Ensemble, nous avons installé ma belle-mère sur une parcelle de terre devant les ruines d'une maison. Pendant que mon beau-père et mon ex-mari s'occupaient de creuser la fosse, je me suis chargée de la toilette du corps. Resté sous les ruines pendant deux jours et deux nuits, il était devenu rigide et, avec la forte chaleur, exhalait une odeur repoussante. J'étais catastrophée. Je me suis souvenue alors de ce que m'avait raconté ma belle-mère : quand elle était jeune, elle avait lié son destin à celui de son mari. Malgré leur indigence et leur infortune, elle l'aimait. Quand ils se faisaient à manger sous l'avant-toit et qu'il pleuvait, l'un allumait le feu, l'autre tenait le parapluie. Ma belle-mère m'en parlait souvent et trouvait que, de toute son existence, c'était la période la plus agréable. La vie des anciens n'a été qu'une suite de souffrances. Ils n'ont jamais connu le bonheur ! En y pensant, je n'ai pas pu me retenir de pleurer.

J'essuyais la terre qui maculait son visage. À l'intérieur comme autour de ses narines et de ses oreilles, il y avait des pépites de sang noir coagulé que j'enlevais en grattant légèrement. Quand j'en ai eu terminé, j'ai fait signe aux cousines de mon ex-mari d'approcher. Les trois femmes lui ont changé ses vêtements. La morte était lourde et raide. C'était épuisant. En fait, ces vêtements de deuil n'étaient qu'une vieille tenue sortie des ruines. Alors que je lui coupais les ongles, je me suis aperçue qu'elle avait une phalange brisée. Quand je lui ai lavé le visage pour la dernière fois, je ne sais quel nerf j'ai heurté, mais ses paupières se sont ouvertes soudainement. J'ai sursauté, commençant à croire que l'on pouvait vraiment ressusciter. Ses yeux restaient grands ouverts, figés. Comme les gens de la campagne sont relativement superstitieux, ils faisaient cercle autour de la dépouille pour observer le phénomène et en avaient conclu que c'était parce que les souhaits de la morte n'avaient pas été satisfaits. Je connaissais mieux qu'eux ma belle-mère et je lui ai glissé à l'oreille : « Pars tranquille, maman ! J'élèverai de mon mieux ton petit-fils et je ferai en sorte qu'il devienne un homme capable. Tu seras récompensée de tes efforts. » C'est étrange, mais à peine avais-je terminé de parler que les yeux de ma belle-mère se sont refermés, paisiblement.

Après avoir creusé la fosse, les hommes sont allés chercher çà et là des morceaux de brique pour les disposer tout autour. Ensuite, ma belle-mère, que l'on transportait sur une porte, a été déposée délicatement au fond de cette fosse et recouverte de terre. J'ai dit à mon ex-mari d'attendre la fin du tremblement de terre pour réfléchir à l'édification d'une tombe pour sa mère. Il est resté muet. Des larmes cernaient ses yeux. Finalement, quand la fosse a été remplie de terre, il était déjà tard. J'ai passé la nuit sous la tente de fortune de mon beau-père. C'est seulement le lendemain après-midi que je suis retournée à Wenjiang.

C'était il y a quelques jours déjà et je n'ai toujours pas retrouvé mes esprits. Ça m'a fait du bien de parler avec toi, une fille de ma province. Théoriquement, après le divorce, ma belle-mère ne devait plus avoir de relation avec moi, mais c'est comme si elle et moi étions inséparables. Je ne saurais l'expliquer, mais les Chinois sont comme ça. Cependant, ne crois surtout pas que je souhaite me remarier. Je ne ressens plus rien pour lui. Un tremblement de terre plus violent, voire une rupture encore plus radicale, ne nous remettra jamais ensemble. Je crois que les morts, pour autant qu'ils soient bien intentionnés, espèrent tous que les vivants feront leur possible pour agir comme eux. La vie est éphémère, fragile, à quoi bon se torturer outre mesure.

Les journalistes du *New York Times*

22 mai

Le temps est capricieux.

Neuf heures du matin. Alors que, réveillé par la chaleur, je rêvasse allongé sur mon lit, je relis les anecdotes de Yangzhou Tuchengji. La ville de Yangzhou avait refusé de se soumettre. Sous la conduite de Shi Kefa, mandarin de la dynastie Ming, toute la population avait, au péril de sa vie, tenu tête aux envahisseurs de la dynastie Qing jusqu'à ce que la ville soit anéantie. Ce massacre innommable avait été appelé « les dix jours de Yangzhou ». Le célèbre poète Liu Shahe avait dit à ce propos : « Après plus de dix jours de massacres et de pillages, la prospère ville de Yangzhou qui avait été encensée par nombre de lettrés ne fut plus qu'un amas de ruines. » Personne n'aurait imaginé qu'un lettré surnommé Trouille-au-Corps s'était caché dans un recoin de la ville, sous les décombres. Chaque jour, à chaque heure, à chaque instant même, il avait pu voir de ses propres yeux, au travers des briques cassées, des tuiles brisées ou des interstices desquels entraient et sortaient des cafards, une jambe, une main ou une tête coupée, un groupe de femmes violées, des bébés éventrés. Après avoir massacré tous les habitants, les assaillants s'en étaient pris à leurs biens. Les biens détruits, ce fut le tour des montagnes et des rivières. Finalement, il n'y eut plus un seul bruit : les humains, les animaux, les insectes, plus rien ne bougeait, même le vent s'était arrêté de souffler, comme s'il avait été assassiné. Le lettré consigna tout ce qu'il avait vu, versant des larmes, de la sueur et du sang. Au bout du compte, tel un rat, il sortit, revit la lumière du jour et se retrouva laissé à lui-même. Des centaines d'années plus tard, ses notes sont étalées sur une table de la République populaire de Chine. Chaque fois que je les lis, la honte qui m'envahit monte d'un cran.

Je me lève. J'allume la télévision et j'ai l'impression de suivre à l'écran le Yangzhou décrit par Liu Shahe. Au fond des ruines, deux, trois personnes crient au secours. Dans le bourg de Nanbei, district de Pingwu, une femme qui ne sentait plus sa jambe écrasée sous les décombres depuis trois jours, a, de son propre chef, demandé une scie à ceux qui se trouvaient au-dessus pour qu'elle se la découpe elle-même. Je vois également une main pleine de boue qui semble ramper, ressemblant à une bouteille en plastique usagée plantée dans un tas d'ordures. Qui aurait pu imaginer qu'elle appartenait à une jeune fille de seize, peut-être dix-sept ans ?

Pendant ce temps, le refrain sur le secours aux victimes reprend ses droits. Les saltimbanques du monde du spectacle se sont fardés pour monter sur la scène politique et chanter en chœur : il suffit que chacun offre un peu d'amour et le monde se transformera en un univers merveilleux..

L'après-midi, je reçois un coup de téléphone de Fan Wenxin du *New York Times* qui me convie à dîner. Ainsi, un peu avant dix-neuf heures, je quitte la banlieue ouest de Wenjiang pour prendre la direction du grand restaurant Langqiao, situé à l'est, non loin de l'hôtel Shangri-la.

Au fil de la discussion, je réalise que les six personnes du bureau de Shanghai du *New York Times* sont déjà allées plusieurs fois dans les zones touchées par le séisme. À présent, Xiaojin et moi nous trouvons en face de quatre personnes : Howard W. French, qui mesure un mètre quatre-vingt-treize et qui se fait appeler Fu Haowen. Il est le chef du bureau de Shanghai, caméraman et journaliste célèbre, et il a obtenu de nombreuses récompenses internationales. Il y a aussi Adriana Lindquist, un mètre soixante, américaine, sans nom chinois pour l'instant, caméraman de profession. Li Zhen, à peu près aussi grande qu'Adriana Lindquist, une jeune fille de Chengdu née après les années 1980, major de promotion de l'université des langues étrangères, actuellement assistante d'Howard French, et Fan Wenxin, un mètre soixante-quinze environ, homme de talent originaire du Zhejiang. Comme nous avons souvent été en contact, je l'appelle « vieux Fan » malgré ses trente ans, comme c'est la tradition au Sichuan.

23 mai

Le ciel est radieux et la chaleur étouffante.

À dix heures du matin, nous rencontrons Howard French sous le pont couvert. Sur les conseils de mon ami Kun Peng, j'ai acheté du riz et de l'huile pour les sinistrés, et je sollicite mon frère Damao pour jouer le rôle de chauffeur bénévole. Ainsi, huit personnes réparties dans deux voitures démarrent en trombe. Afin de prévenir les impondérables, Laofan[1] s'était préalablement fait faire un laissez-passer spécial du gouvernement – moi, le vieux contre-révolutionnaire, j'en profitais aussi.

Nous traversons toute la ville, puis nous passons par Wenjiang pour finalement atterrir devant le temple Puzhao, à Qingchengwaishan.

1. Laofan signifie « vieux Fan » comme cité précédemment. En Chine, on appelle souvent les gens que l'on connaît bien par le nom de famille précédé de « lao » (vieux) ou « xiao » (jeune ou petit). Ce genre de surnom est une marque d'amitié.

Notre guide, Kun Peng, nous attend déjà depuis un long moment. Sans dire un mot, nous empruntons une route de montagne pour nous diriger vers l'ancien bourg de Tai'an situé sur l'autre versant qui, paraît-il, a subi de graves dommages. Le long du chemin, on ne peut éviter quelques affaissements de terrain et des maisons effondrées. Cependant, le spectacle n'est pas aussi effrayant que je l'avais imaginé. Arrivé à Tai'an, situé au beau milieu d'une vallée, j'apprends qu'ici, à l'exception d'un vieux temple, toutes les autres constructions sont des imitations de l'ancien, et, de plus, les bâtiments en *doufu*[1] sont majoritaires. « Le gouvernement a mis sept, huit ans à construire tout ça. Le tourisme fait depuis longtemps partie de notre quotidien », raconte un habitant debout sous un portique en pierre tapissé de mousse. « On ne pouvait pas deviner que tout s'écroulerait en quelques secousses. »

Nous cheminons parmi les ruines, qui font penser à des décors en carton-pâte que l'on peut se permettre de détruire sans regrets. Les murs sont minces, les poutres et les piliers également. La réalisation laisse à désirer. On a seulement appliqué plusieurs couches de peinture afin de

1. L'utilisation du mot « doufu », fromage de soja, s'est particulièrement répandue à l'occasion du séisme du Sichuan pour désigner des constructions de mauvaise qualité, dont le plâtre est plus friable que du *doufu*.

cacher tant bien que mal la misère. Howard French n'a même plus le cœur à photographier, et seule Adriana Lindquist, promenant un énorme sac à dos, mitraille toujours. Dans un restaurant à moitié effondré, une rangée de bouteilles d'alcool fermenté est restée intacte. J'approche mon nez pour les jauger avec minutie. Quelques minutes après, je tends la main pour en goûter une. Xiaojin me réprimande. Tout près, dans un magasin d'antiquités presque entièrement détruit, on peut admirer des pacotilles brisées en mille morceaux. Sur le mur de gauche, les portraits de Marx, Engels, Lénine, Staline et Mao Zedong, les pères de la révolution violente ; sur le mur de droite, des portraits du bodhisattva Guanyin et d'Amitābha. Je me murmure à moi-même que ça ne sert à rien de convoquer toutes ces divinités. Derrière moi, Adriana Lindquist ne cesse de prendre des photos.

Passé le pont suspendu, tout de guingois, nous pénétrons dans les camps de réfugiés. J'échange quelques mots avec une paysanne accorte qui me dit qu'elle et ses voisines sont descendues des quatre coins de la montagne. « Il y a eu des glissements de terrain. Les maisons et les récoltes ont été englouties. Heureusement, ajoute-t-elle, que nous étions dans le vieux bourg. Nous y avons échappé. Dans notre coin, il y a eu quelques morts, mais pas beaucoup. » Je m'enquiers de ce qu'elle compte faire plus tard. Elle me répond qu'elle n'a pas le temps d'y penser, car elle est encore sous le choc. Elle me cite un proverbe : « Quand le bateau arrive au pont, il avance naturellement droit. » Je lui demande ce qu'il fait s'il ne peut pas aller droit. Elle me rétorque qu'il n'a guère d'autre choix. « J'ai ouvert un village de loisirs. J'ai emprunté à droite, à gauche. J'ai réussi à me procurer deux à trois cent mille yuans. Après presque deux ans de labeur, tout s'est brisé d'un coup. »

Adriana Lindquist mitraille encore. La paysanne se cache le visage et se réfugie sous une tente. Nous y pénétrons pour faire quelques clichés. À peine ai-je tourné la tête que je tombe sur une scène qui me met mal à l'aise : la foule est en train d'emmener par le bras une paysanne muette. À plusieurs reprises, elle avait cherché à se suicider et les voisins l'en avaient empêchée. « La peur l'a rendue folle ! » lance quelqu'un. Depuis le tremblement de terre, elle ne s'est pas calmée un seul instant. Elle se donne des coups. Elle a même dérobé une machette pour mettre fin à ses jours. Elle saute du lit en pleine nuit. Malgré cela, son mari ne semble pas vouloir perdre espoir. » Je soupire : « La pauvre ! – La pauvre ? dit cet homme, c'est son mari qui est à plaindre, ça fait je ne sais combien de jours qu'il n'a pas fait une nuit complète. Avec sa tête inclinée, il ressemble à un poussin malade. Si ça continue comme ça, il va, lui aussi, devenir muet et cinglé. »

Adriana Lindquist esquisse un geste de la main pour m'indiquer qu'elle veut avancer. Un policier surgit alors pour nous demander ce que l'on fait ici. Laofan sort son document et lui fournit poliment des explications. Damao s'avance pour lui montrer sa « carte de journaliste-photographe ». Cependant, ce bout de papier n'impressionne pas outre mesure le policier qui fait venir deux de ses collègues. Ces derniers ne nous autorisent ni à filmer ni même à rester. La discussion ne menant à rien, nous devons vider les lieux et longer la rivière au pied de la montagne. Resté en retrait, le frondeur French est encore une fois encerclé pour être interrogé. Laofan doit faire demi-tour pour voler à son secours.

Un rocher énorme, gros comme un moulin, a dévalé du sommet de la montagne et est venu se planter en plein milieu du chemin. French le prend en photo comme témoignage vivant de notre « expulsion du territoire ».

Nous continuons notre route et traversons la ville de Dujiangyan où nous nous reposons quelques instants. Mon grand frère, Damao, donne un coup de téléphone pour convoquer un nouveau guide, Laozhang. Le nouvel itinéraire s'étale sur vingt, trente kilomètres. Tout en suivant la rivière, nous pénétrons dans la montagne, en direction du site touristique favori des habitants de Chengdu durant les vacances d'été. Ces dix dernières années, j'y suis retourné plusieurs fois avec ma famille pour profiter de la montagne à moindre frais. À présent, les routes ensevelies par les éboulis ont été déblayées. Quelques soldats contrôlent les véhicules au sommet du col dans le but de limiter la circulation. En tant qu'ancien employé de l'élevage de saumons, Laozhang a été naturellement autorisé à passer. La voiture rugit, bringuebale entre les coulées de boue, s'élève, puis soudain retombe. Nous ne cessons de hurler. Un important glissement de terrain a déchiré les sommets touffus, y traçant plusieurs cicatrices qui semblent venues du ciel. Les voies d'eau ont été détournées de leur cours. Son appareil photo à la main, Fu Haowen ressemble à un G.I. l'arme au poing. Arrivé à un endroit un peu plus dégagé, il demande soudain à faire une halte. Le chauffeur est surpris. Il sort la tête pour observer le rocher qui menace de tomber sur nous et répond qu'il a peur. French exige tout de même qu'on stoppe la voiture. Désemparé, le chauffeur appuie rageusement sur la pédale de l'accélérateur, fonce sur une dizaine de mètres et s'arrête enfin.

Le glissement de terrain, large de plus de trois cents mètres, ressemble à un gigantesque paravent et, bien qu'étant sur la rive opposée, nous avons l'impression qu'il nous taquine le bout du nez. Un minibus a été éjecté à quelques mètres de nous par un énorme rocher. La moitié du véhicule pendouille au-dessus du précipice. Nous photographions à tout-va, la trouille vissée au corps. Le chauffeur a les yeux rivés sur une petite voiture, ratatinée comme une crêpe. Le morceau de roche qui lui est tombé dessus est aussi haut qu'une maison à deux étages !

Grisés par le danger, nous arrêtons de nouveau la voiture. Le chauffeur refuse radicalement de prendre des risques supplémentaires. L'après-midi, à 3 heures 50, nous traversons le camp de réfugiés du bourg de Hongkou. Nous roulons sur un pont surélevé. Après plusieurs virages, nous pilons devant des pierres qui bloquent la route. Il nous faut poursuivre à pied en contournant les fines langues de terre cultivée. Nous nous retrouvons nez à nez avec deux chiens, l'un aboyant à tue-tête, l'autre muré dans le mutisme. La psychiatre Xiaojin s'accroupit pour observer ce dernier et, au bout de quelques instants, conclut qu'il a été traumatisé par le tremblement de terre.

Un groupe de villageois réunis devant l'entrée d'un village de loisirs totalement ravagé souhaite la bienvenue aux visiteurs étrangers. Mais, lorsque l'objectif d'Adriana Lindquist se braque sur eux, ils détalent comme des lapins. La pancarte en bois où est marqué « Élevage de saumons Tongwei » reste accrochée bien haut alors que les bâtiments tout autour ne sont plus que des amas de gravats. Alors que je me targue d'être venu ici il y a quelques années déguster une truite arc-en-ciel, un vent étrange nous parvient doucement, une sorte de relent insoutenable. Nous nous empressons de chausser nos masques. L'expression du visage de Laozhang est encore plus douloureuse que la nôtre, non à cause de l'odeur, mais parce que des dizaines de milliers de livres de saumons ont été perdues dans le tremblement de terre et les exploitants se retrouvent à présent sur la paille.

Je me dirige le premier vers la source de cette odeur fétide. Les visiteurs étrangers suivent en rang serré. La fosse gorgée de poissons morts est grande comme la moitié d'une chambre à coucher. Les soldats se relaient pour remplir ce trou qui déjà déborde. Je ne résiste pas à la tentation de regarder autour de moi. Des tonnes d'œufs d'esturgeon se sont transformées en paquets de colle! Tout ça me donne la nausée et mon front ruisselle de sueur. Je dois me réfugier près du ruisseau qui jouxte le cauchemardesque bassin à poissons. Ça sent toujours aussi mauvais, mais maintenant c'est une infecte odeur de cadavres imbibés de formol. J'ai de la buée sur mes lunettes. En une fraction de seconde, l'air et la terre ont été enduits de caviar. Le soleil est une tête de poisson mort qui nous empoisonne, qui empoisonne la Chine.

Cela me rappelle la fosse commune, les ruines de la ville de Beichuan impossibles à dégager, ce cimetière où avaient été déversées plus de cent tonnes de désinfectant et de corrosif. Si musée du tremblement de terre il y a un jour, il prendra naissance à cet endroit.

Les visiteurs circulent parmi les rochers qui ont aplati maisons et voitures. French me fait signe de la main, puis emmène sa troupe escalader la colline. Une dizaine de minutes plus tard, ils réapparaissent dans mon champ de vision. French ressemble à un œil de poisson, Adriana Lindquist à une graine de sésame, Laofan et Laozhen se trouvent entre ces yeux de poisson et cette graine de sésame, l'image du néant.

Je m'évade de l'élevage de saumons. Damao et Xiaojin sont un peu plus résistants que moi. Ils n'ont fui qu'après avoir pris quelques clichés. Dans la forêt qui domine la fosse aux poissons morts apparaît puis disparaît un troupeau de cochons vagabonds. « Vont-ils devenir des propagateurs d'épidémies ? » se demande Xiaojin.

Les cochons qui ont survécu à dix jours d'enfouissement

23 mai, en soirée

Le ciel s'est assombri et la fraîcheur s'installe.

L'odeur de poisson pourri flotte librement dans l'air, au gré du vent. Les effluves sont plus violents les uns que les autres. Même les villageois ne les supportent plus et portent tous des masques. Un jeune garçon invite Xiaojin à se réfugier dans les ruines du village de loisirs adossé à la montagne. Après cette tragédie macabre, ici, il ne reste plus que l'enseigne en tissu bleu « Forêt de la joie » qui s'agite, solitaire. La grande sœur du jeune garçon nous rejoint pour nous raconter : « Pendant le séisme, la paroi escarpée semblait exécuter un rock and roll, cahotait de droite et de gauche, et du haut vers le bas, dong, dong, dong, trépignait, jusqu'au noyau terrestre. Les maisons n'ont pas résisté. Au bout de deux secondes, il n'y avait plus de tuiles ; au bout de trois, tout s'était écroulé dans un fracas épouvantable. Les

rochers et la boue se sont déversés en pluie. Un arbre a été sectionné en son milieu. Les monceaux de pierres dépassaient et obstruaient les portes des maisons. Fort heureusement, les habitants étaient à l'extérieur, là où avait été installé un camp de fortune, au bord de la route. » Surprise, Xiaojin lance : « Regarde, tout est délabré. J'imagine que toutes les fourmis sont mortes ! » Soudain, la grande sœur du jeune garçon rétorque en souriant : « Elles sont toutes mortes, mais nos cochons sont encore en vie.
– Les cochons sont des animaux très intelligents. Quand la terre a tremblé, je suppose qu'ils ont déguerpi plus vite que les humains », répond Xiaojin. La grande sœur précise : « La porcherie a été ensevelie, eux aussi. Du 12 mai jusqu'à hier après-midi, tout le monde croyait qu'ils étaient déjà morts, car lorsqu'on est emprisonné là-dessous, on fait tout pour se faire entendre et, même à bout de force, on pousse au moins quelques grognements. Mais les intentions du bétail sont impénétrables. Peut-être que la peur les a paralysés. Hier, alors qu'on ne les cherchait plus, l'armée est venue nous aider à désinfecter. Il y avait trop de poissons morts qui empoisonnaient l'air ambiant, l'eau et la boue, et empuantissaient les rêves des gens. L'armée venait quotidiennement nettoyer les lieux pour prévenir les épidémies. Deux soldats

pulvérisaient du désinfectant en direction de la porcherie quand, tout à coup, ils ont entendu des cris provenant d'en dessous! Peut-être que cela avait irrité les yeux de ces cochons ou peut-être que la vie de ces derniers ne devait pas s'arrêter là. Finalement, les soldats ont pu dégager les ruines et commencer leur travail de secouriste. Après avoir creusé un grand trou, ils se sont retrouvés face à trois cochons qui étaient couchés sur le ventre dans un recoin et qui remerciaient tout le monde en grognant. »

Sur le bord de la route, les gens vont et viennent avec, en tête, les soldats et le personnel chargé de la prévention des maladies, puis les cadres de village qui, usant de la langue de bois, crient sur tous les toits qu'il faut punir l'entreprise d'élevage de poissons pour pollution environnementale. La nuit tombe dans un fondu enchaîné, comme au cinéma. De la forêt surgit soudain une nuée de personnes, trempées de sueur, fuyant la famine, qui portent des paquets ou leurs bagages sur le dos. Kun Peng, le fouineur, se met en travers de leur route pour les interroger. Il apprend qu'ils sont revenus « reconstruire leur foyer » après avoir pris l'initiative de quitter les centres pour réfugiés et qu'ils ont marché ainsi un bon moment.

Des survivants témoignent

27 mai

Les vieux journaux des jours précédents traînent çà et là, en désordre. Je commence à réunir quelques témoignages sur la catastrophe.

D'abord, c'est celui de Ma Yuanjiang, cadre à la centrale électrique de Wenchuan dans le bourg de Yingxiu, qui est resté sous terre pendant cent soixante-dix-neuf heures. Les pompiers avaient passé seize heures à creuser un trou de dix mètres de profondeur et avaient pu le mettre hors de danger. Après ce sauvetage, il avait pu se nourrir. Mais on n'avait pas réussi à lui conserver son bras gauche. Sur certaines parties de son corps, la peau avait été arrachée. Puis, c'est celui de Wang Youqiong, soixante ans, qui a souffert pendant cent quatre-vingt-seize heures. Malheureusement, son histoire pèche par manque de précisions. Alors qu'il priait avec dévotion dans le temple bouddhiste de Jiufengshan à Pengzhou, il a été plongé dans un océan de malheurs. Il semble que le Ciel ait eu pitié de lui et lui ait envoyé deux petits corniauds qui ont veillé sur lui jour et nuit, qui l'ont embrassé sur la bouche, lui ont léché ses blessures et qui, au bout du compte, l'ont sauvé. À présent, il est un peu perturbé, mais il n'a pas encore perdu la tête. Ensuite, c'est celui de Lai Yuanping, quarante ans, qui a été enseveli pendant cent quatre-vingt-dix-huit heures et extirpé de sous une machine-outil appartenant à une unité de travail de Mianzhu. À l'heure qu'il est, il est à l'hôpital avec une fracture du crâne. Enfin, c'est celui de Cui Changhui, trente-huit ans, employé dans une centrale électrique qui a été enfoui deux cent seize heures. Il s'était nourri de plantes sauvages crues et de sa propre urine afin d'échapper à l'issue fatale.

Mais l'histoire la plus extraordinaire est celle de Madame Gong Tianxiu. À quarante-six ans, elle était employée à la succursale de Beichuan de la banque agricole de Chine. Le tremblement de terre avait fait s'effondrer le bâtiment. Avant de mourir, son mari l'avait coincée sous son bras. Elle lui avait demandé de se pousser un peu, mais il lui avait répondu que ce n'était pas possible. En le touchant, elle s'était aperçue qu'il était couvert de sang. Ses derniers mots, en guise de testament, avaient été : « Sois forte, occupe-toi bien des enfants, qu'ils ne sortent pas du droit chemin. » Ensuite, elle avait cherché à survivre. Elle n'avait plus de voix à force d'avoir crié. Elle récupérait sa propre urine, mais comme cela ne pouvait assouvir sa soif, elle buvait du sang.

Elle m'avait raconté son atroce aventure : « Ma jambe droite était prise sous un plancher et ne cessait de saigner. Le lendemain, le sang s'est arrêté de couler. J'en ai conclu alors qu'il s'était formé un caillot. Prise de panique, j'ai ramassé un caillou et j'ai cogné de toutes mes forces jusqu'à ce que le mollet soit réduit en bouillie. Le sang s'est remis à couler. C'est à grand-peine que j'ai pu poser ma jambe infirme sur le dos de mon mari duquel du sang dégouttait. Je me suis contorsionnée pour le boire. Il m'hydratait la gorge et me redonnait des forces. J'ai pu à nouveau m'égosiller. Dès que j'entendais du bruit au-dessus de ma tête, je me mettais à hurler de toutes mes forces. Quand je n'ai plus eu de voix, je me suis de nouveau frappé la jambe pour boire mon sang. J'ai recommencé ainsi plusieurs fois. C'était tellement douloureux que, si je n'avais pas pensé à mes enfants, j'aurais rejoint mon mari dans la mort.

« On m'a découverte lors de répliques du séisme. Comme on ne pouvait pas déplacer les parpaings en ciment qui se trouvaient au-dessus de moi, on a déversé de l'eau et le surlendemain, on a gratté les morceaux de mur pour y percer un trou. Un pompier y a passé la tête et, voyant ma jambe en lambeaux, n'a pas osé me sortir de là. Comment fallait-il procéder? Comme je ne voulais plus attendre, j'ai prié ce soldat d'aller me chercher une scie. Sur le moment, il en est resté bouche bée. Je lui ai aussitôt expliqué que les os n'étaient déjà plus qu'un tas de poussières et qu'il ne restait plus que des morceaux de chair. Nous avons palabré quelques instants, puis je me suis servie de la scie et des ciseaux qu'il m'avait passés pour me séparer de ma jambe et de mes muscles. Je me suis hissée vers le haut puis on m'a tirée du trou. »

28 mai

Le temps est agréable.

Ma nièce de Mianyang est arrivée à Chengdu. Elle est hébergée par Xiaofei, ma petite sœur. Je lui envoie un télégramme pour l'inviter à prendre le thé à Wenjiang et pour la réconforter.

Dans l'après-midi, assise dans une maison de thé bordant la rivière, elle commence à me raconter l'histoire douloureuse de son tremblement de terre : « Cela fait près de vingt jours que je n'ai pas habité sous un vrai toit. Je ne suis pas encore remise de ma frayeur. Au début, je ne comprenais pas pourquoi les gens couraient partout dans la rue. Quand j'ai enfin réalisé ce qui se passait, on n'était plus autorisés à entrer dans les immeubles. Les gens couchaient à la belle étoile, dans la rue. Les tentes, les toiles cirées, les parapluies ainsi que les bâches plastique avaient été pris d'assaut. Le soir, il s'est mis de nouveau à pleuvoir. Mon père et moi étions trempés comme des soupes. Heureusement, beaucoup de familles comme la nôtre pouvaient abriter deux, trois, voire quatre personnes sous un même parapluie. Le lendemain, j'ai couru partout pour acheter des tentes. J'avais les jambes en flanelle. J'ai dépensé 600 yuans[1] pour me procurer une minuscule tente auprès d'un petit ami que je venais de quitter.

« Les repas se composaient essentiellement de nouilles instantanées. J'avais l'impression que mes dents se ramollissaient. Comme la commune de Mianyang ne faisait pas partie des zones gravement touchées, rien n'était gratuit. Nous pensions en avoir à peu près fini avec les répliques du tremblement de terre lorsqu'on nous a dit que la digue du lac de retenue de Tangjiashan s'était fissurée et que, si elle rompait, une vague haute comme un immeuble de six à sept étages risquait de déferler sur la vallée. Le gouvernement avait sommé toutes les familles de se replier vers les centres d'hébergement agréés. Ces centres étaient situés dans des localités en altitude, dont on pensait qu'elles ne risquaient pas d'être envahies par les eaux. Les tentes étaient serrées les unes contre les autres. Des dizaines de milliers de gens s'étaient massés là en attendant l'inondation. Mianyang était devenu une ville morte. Il ne restait plus sur

---

1. Soixante euros.

place que la police. Le soleil embrasait les collines et il n'y avait aucun arbre sous lequel s'abriter. La température à l'intérieur des tentes atteignait chaque jour plus de quarante degrés. On avait les yeux injectés de sang. L'armée avait fait descendre de la montagne une personne qui fêtait ce jour-là ses quatre-vingt-dix ans. Elle n'avait pas été installée dans une tente depuis une heure qu'elle est morte de déshydratation. Naturellement, le gouvernement devait faire preuve de sollicitude envers la population sinistrée. La télévision est venue en compagnie de Tan Li, le secrétaire du comité municipal. On filmait les mines souriantes, les chaudes larmes qui perlaient sur les joues, mais pas les gouttes de sueur. Tan Li, à l'instar des personnages illustres, faisait de légers signes de la main aux victimes du séisme, les saluant d'un « bonjour, camarades ! » La population est alors entrée dans une colère noire. Comme un seul homme, les sinistrés ont commencé à lui lancer des chaussures et à lui balancer des pierres en hurlant : « Bonjour mon cul, espèce de connard ! » Tan Li s'est alors métamorphosé en pigeon ahuri qui s'envole dès qu'on l'effraie. Quelle histoire de fous ! Ce Tan Li s'était trouvé derrière le président Hu Jintao et le Premier ministre Wen Jiabao quelques jours plus tôt, le sourire aux lèvres, l'air vicieux. Les internautes l'avaient accusé d'être un lèche-bottes. Il s'était hypocritement défendu en demandant pourquoi il n'aurait pas eu le droit de rire. « Face au secrétaire du Parti Hu et au Premier ministre Wen, je me suis senti comme un fils qui rencontre ses vieux parents, pourquoi aurais-je dû renoncer à sourire ? »

30 mai

Le temps s'éclaircit.

Aujourd'hui, sur les conseils de quelques amis, je consulte les sites scientifiques et j'apprends qu'il existe des « tremblements de terre profonds » et des « tremblements de terre superficiels ». Celui de Tangshan appartient à la première catégorie, celui de Wenchuan à la seconde.

Apparemment, ces deux séismes étaient la conséquence des mouvements de l'écorce terrestre, de la poussée réciproque des plaques continentales et étaient presque imprévisibles, pratiquement inévitables. Cependant, nombre de spécialistes s'étaient accordés pour faire un rapprochement entre cette catastrophe et le réservoir d'eau de Zipingpu situé sur le cours supérieur de la rivière Min. La rumeur qui soutenait que « le réservoir aurait provoqué le séisme » s'était répandue comme une traînée de poudre dans les villes environnantes. Certains affirmaient même :

« Le tremblement de terre de Wenchuan ? On devrait plutôt dire le tremblement de terre de Zipingpu. » Tout du moins, on devrait dire « tremblement de terre de Dujiangyan – zone de faille Yingxiu-Longmen ». Le réservoir d'eau pour lequel on avait dépensé 7,2 milliards de yuans[1], d'une hauteur de cent cinquante-six mètres et pouvant contenir 1,1 milliard de mètres cubes d'eau avait été construit en plein sur la zone de faille de Longmenshan.

Heureusement, avant le 12 mai, la hauteur d'eau était tombée rapidement à huit cent dix-neuf mètres au-dessus du niveau de la mer, soit deux mètres de plus seulement que le niveau le plus bas, ce qui signifie que le réservoir était vide à 70 %, et que cela avait permis à toute la ville de Chengdu d'éviter un cataclysme qui lui aurait été fatal. Certains internautes avaient émis quelques réserves : au début, beaucoup d'experts s'étaient opposés à la construction du réservoir de Zipingpu. Du point de vue culturel et pour des raisons de sécurité, on n'aurait jamais dû édifier ce barrage. Dès qu'il avait été inauguré, le réservoir avait rendu le système de régulation des eaux de Dujiangyan inopérant. Cet imposant système, vieux de deux mille ans, avait ainsi été rendu caduc par la faute de nos contemporains.

---

1. 720 millions d'euros.

Ainsi, on avait suspendu cette bassine d'eau, cette épée de Damoclès, au-dessus de la tête des millions d'habitants de la région de Chengdu et de Dujiangyan, forcés de composer avec ce danger permanent.

Happening sur les ruines

31 mai, dans l'après-midi

Le temps se dégrade.

Dans le passé, il n'y avait qu'une seule route pour aller de Chengdu au district de Guan (rebaptisé, il y a plus de dix ans, municipalité de Dujiangyan). Elle était longue d'environ cinquante kilomètres, traversait la région de Tuqiao et longeait le temple Wangcong et le bourg de Hongguang dont la commune populaire était devenue célèbre grâce à la visite de Mao.

Jadis, Juyuan faisait partie de ces petites bourgades sans intérêt qui s'égrainaient entre Chengdu et Guan. Mais, ces dernières années, elle avait commencé à prendre de l'importance et avait connu son heure de gloire quand une bonne dizaine de peintres célèbres est venue s'y installer. Ce bourg a alors hérité du surnom de « village des peintres ». [...]

Malheureusement, le rugissement du tremblement de terre a provoqué l'effondrement de son école secondaire, causant la mort de centaines d'élèves. En un battement de cils, les regards, en Chine comme à l'étranger, se sont focalisés sur cet établissement. Même le Premier ministre Wen Jiabao s'est rendu en personne sur les lieux et a versé des larmes. Il a exigé que l'on prenne des mesures pour organiser au plus vite les secours. Il a bien fallu que je me rende aussi sur les lieux pour assister à toute cette agitation.

Hier, j'ai convenu d'un rendez-vous avec mon grand frère Damao. À midi passé, il arrive en voiture à Wenjiang et nous embarque, Xiaojin et moi. Tout d'abord, nous roulons gratuitement sur une portion d'autoroute en nous faisant passer pour des secouristes, ensuite nous empruntons une route normale puis un chemin de terre. Les nuages noirs se lèvent doucement. Ils ressemblent à de grosses reprises au milieu desquelles on aurait cousu un soleil imbibé de sauce au piment. La poussière se soulève, flotte au gré du vent, dispersée par les roues des voitures. Nous avons, semble-t-il, traversé trois ou quatre marchés ruraux. Encore plus serrés que des grains de sable, des gens de toutes sortes occupent chaque espace libre entre les immeubles. Damao appuie énergiquement sur le Klaxon, mais personne ne se retourne pour le regarder. C'est ça une zone sinistrée, murmure

Xiaojin. Ceux qui encombrent les rues ont plutôt l'air nonchalant, car ils ne cherchent ni à éviter le danger ni à faire quoi que ce soit.

Les tentes de survie et les différents abris en toile cirée se succèdent. Nous regardons de tous côtés et ne voyons aucun édifice écroulé. Je suis tiré de ma réflexion par un homme torse nu, sorti de nulle part, qui fonce vers nous le poing levé en nous injuriant et en hurlant à plusieurs reprises : « Remboursez-moi ! » La voiture, par mégarde, avait en fait roulé sur sa natte étalée sur la route. Je ne comprends pas pourquoi il s'était installé là. La pauvreté l'avait-il rendu fou au point de bloquer la route avec son corps pour se livrer à une forme de chantage ?

Comme il vaut mieux ruser que jouer les matamores, nous lui présentons nos excuses, mais notre interlocuteur ne cesse pas pour autant de vociférer, poussant des rugissements de fureur : « Remboursez-moi ! » Voyant qu'il allait bientôt sombrer dans un océan de torses nus, Damao baisse la tête et accepte de régler la facture. Il profite d'un moment de relâchement pour effectuer à leur insu un léger mouvement du corps. Il appuie alors violemment sur la pédale d'accélérateur et propulse la voiture à la vitesse d'un obus de mortier. Stupéfaits, les hommes demi-nus s'écartent. Quand ils retrouvent un tant soit peu leurs esprits, ils se mettent à poursuivre la voiture ramassant des briques au passage.

La voiture plane littéralement pendant quelques minutes, terrorisant les passants çà et là. Le danger écarté, nous, qui étions devenus les ennemis du peuple, pouvons enfin souffler. Damao essuie la sueur de son front et s'esclaffe : « Hé! Hé! On peut dire que nous nous sommes esquivés à la vitesse d'un tremblement de terre. »

Au moment où nous entrons dans le bourg de Juyuan, le ciel devient plus gris, tel un tapis délavé, et ne fait qu'un avec les tentes des réfugiés qui ressemblent, quant à elles, à un vaste patchwork.

Nous nous renseignons à propos de l'école secondaire de Juyuan. Presque tout le monde la connaît, mais personne ne veut en parler. Les gens se contentent de nous la montrer du doigt. Nous descendons la route asphaltée pour arriver sur un terrain vague grand comme la moitié d'un terrain de football. Là, une entreprise pharmaceutique distribue des tee-shirts sur lesquels sont imprimés le nom de l'entreprise et son slogan. C'est une manière de se faire de la publicité. Les gens forment des queues longues de quelques centaines de mètres. Les sinistrés et ceux qui ne le sont pas se disputent la priorité pour recevoir les dons. Il n'est pas rare que les gens en reprennent deux, voire trois fois. Une petite minorité de brebis galeuses finit même par se disputer et par en venir aux mains, ce qui oblige la police spéciale à intervenir. La consciencieuse Xiaojin trouve un prétexte pour examiner les tee-shirts. Elle constate qu'ils sont de médiocre qualité : « Deux lavages et ça part en lambeaux. »

En un rien de temps, nous arrivons devant l'école. Les bâtiments annexes ne se sont pas effondrés. Seul le bâtiment central s'est écroulé et les ruines s'étendent sur une surface grande comme deux terrains de basket-ball. Le 12 mai est déjà passé depuis longtemps et, bizarrement, la foule des badauds est toujours aussi nombreuse; il y a des soldats de la police militaire tous les mètres, droits comme des piliers, érigeant une grande muraille d'acier entre eux et la population. Derrière cette muraille, les bulldozers et les pelleteuses brassaient des gravats. Damao et moi suivons le flot sans discuter. Nous nous pressons vers l'avant. Je suis passé devant quelques personnes; j'ai à peine levé la jambe gauche pour la poser sur des parpaings inclinés que des officiers portant des masques à gaz double épaisseur me poursuivent en me faisant des signes de la main. Deux soldats me saisissent par les bras. Les grands hommes sont ceux qui savent manœuvrer. Je profite alors de ne pas avoir encore été mis dehors pour arborer des sourires mielleux tout en reculant de deux pas. Damao brandit sa carte de journaliste et entame les négociations. Bien que cela n'avance à rien, Damao a tout de même le sens des affaires et sait tourner la situation à son avantage. Au bout de quelques minutes, il s'infiltre dans une brèche derrière un grand arbre.

Il s'échine à tenir bien haut sa caméra malgré ses bras ankylosés qui affaiblissent petit à petit son esprit. Mais, soudain, la foule excitée se met à hurler : « Ah! Il y a un mort! » J'ai aussitôt l'impression d'être transformé en un morceau de chair, coincé entre plusieurs tôles d'acier, au point de ne plus pouvoir respirer. Je fais des bonds en l'air comme une grenouille et j'aperçois les pelleteuses qui soulèvent de biais leur godet pour extraire une masse de couleur cendre, qui ressemble vaguement à un être humain. Des nuées de mouches s'en échappent et sifflent comme des balles de fusil. Je ne sais où donner de la tête. Pendant un instant, je n'arrive pas à retirer le cache de mon objectif. Quand je mitraille de nouveau, j'ai déjà raté le meilleur moment.

Des mouches jaillissent encore. Le plus effrayant, c'est la puanteur des cadavres qui entre par les narines, les yeux, les oreilles et la bouche, pénétrant jusqu'à l'âme. Ton âme, c'est en principe une âme qui devrait pouvoir s'échapper dans la pureté jusqu'au ciel, mais là, elle est couverte de mouches, elle se mélange aux chairs et vomit tout ce qu'elle peut. Parce que ces chairs, ces vies qui pourrissent si aisément, ce sont tes congénères. Chaque parcelle de leur corps, chacun de leurs pleurs et de leurs rires s'accrochent à tes nerfs. Tes larmes s'écoulent, mais un jour, tu dégageras une odeur de ce genre.

J'essaie encore une fois de me hisser et, une nouvelle fois, je suis mis en déroute. Un officier s'énerve et menace de confisquer mon appareil photo, mais, comme la loi ne peut pas punir tout le monde, des bras se dressent autour de moi en forêt et des bruits de déclencheur arrivent de toutes parts. Malgré ma petite taille, j'arrive à prendre en photo deux sacs bleus destinés à dissimuler un cadavre ainsi qu'une voiture mortuaire blanche, le hayon grand ouvert. Des officiels, des policiers militaires et les proches des victimes sont réunis près de la voiture et discutent avec passion. Ce qui est dommage, c'est que personne ne sait vraiment de quoi ils débattent.

Quelques minutes plus tard, la voiture démarre en trombe : une femme qui voulait ouvrir la portière est maîtrisée. Elle hurle, pleure, se débat, puis perd connaissance et s'effondre. Bien que tout le monde vienne lui tapoter le dos et lui donner de l'eau à boire, elle ne réagit pas.

Les pelleteuses continuent de s'activer, mais la foule a déjà le regard tourné ailleurs. Sur le terrain d'exercices situé à une dizaine de mètres des ruines, les parents des élèves décédés font cercle autour de quelques fonctionnaires de base grassouillets pour exiger justice. Mais la justice ne peut être rendue en si peu de temps. Je me hisse du mieux que je peux et prends quelques splendides clichés de la discussion. Les officiels affublés de masques jouent les affligés, malgré leur allure de chiens que l'on oblige à mordre, la truffe aux aguets et la queue dressée. Les parents, dont aucun ne porte de masque, ont la mine sévère et défendent leurs points de vue bec et ongles. Face à eux, les fonctionnaires sont à court d'arguments.

Plusieurs chefs de famille viennent pour s'exprimer. Comme Xiaojin est aussi menue qu'un fétu de paille, elle se mêle naturellement à cette population qui travaille la terre depuis des générations. « Nous ne sommes pas des journalistes, dit-elle, mais nous voulons écrire sur la réalité des événements. Même si on ne peut pas la publier, au moins, nous la ferons connaître à nos amis. » Une femme au visage carré demande : « Tu es une secouriste bénévole ? Ce n'est pas facile d'être volontaire quand on est fluette comme toi. » Xiaojin lui répond : « Je suis peut-être menue, mais pas Laowei. C'est un écrivain qui parle des petites gens. Il sait encaisser les coups durs. » La femme au large visage lui confie alors : « Avec le tremblement de terre, la réputation de Juyuan a explosé comme une bombe atomique. Wen Jiabao, les dirigeants provinciaux, les journalistes, les bénévoles, tous sont venus, mais ont-ils réglé les problèmes ? Non. Le Premier ministre Wen s'est rendu sur les ruines. Autour, les bâtiments ne s'étaient pas écroulés, l'école primaire non plus. Dans tout le bourg, combien de maisons se sont effondrées ? On a déjà trop de nos dix doigts pour les compter. Malgré les fissures, les maisons sont restées debout. Les adultes sont sains et saufs. Les seuls à avoir subi la cruauté du destin, ce sont les enfants, ceux qui étaient sagement assis dans les salles de classe. C'est cela que nous ne parvenons pas à comprendre. On se frappe la tête contre les murs et on ne comprend toujours pas ce qui a pu se passer. C'est pourquoi les parents se sont agenouillés devant le Premier ministre Wen

Jiabao pour le supplier de leur venir en aide. Il s'est engagé devant eux : " Nous devons mener une enquête approfondie afin de fournir une explication aux morts et aux vivants. " Mais ces paroles n'ont pas été suivies d'actes. La télévision du Sichuan a diffusé les nouvelles concernant les efforts entrepris pour venir en aide aux victimes. Le Premier ministre Wen nous a rejoué sa comédie sur le petit écran, avec la sueur qui coule, les larmes qui perlent, mais sans la scène où il exprimait son opinion juché sur les ruines de l'école! Coupée au montage! Tous ces cadres corrompus ne manquent pas d'audace, ils ont osé supprimer l'intervention du Premier ministre. »

Un autre homme au visage carré prend la parole : « Pour la construction, quel ciment et quel type d'armature en acier a-t-on utilisés? Camarade écrivain, va te rendre compte sur place. Les résidus de ciment tombent en poussière quand on les frotte entre les doigts. La structure principale n'est pas beaucoup plus épaisse qu'un câble métallique, certaines poutres métalliques sont même carrément liées entre elles avec du fil de fer et devaient tôt ou tard se disloquer. » Je lui demande alors pourquoi il y a mis ses enfants. Il me répond que l'école secondaire de Juyuan est sans conteste la meilleure de tout Dujiangyan. « Même les parents n'habitant pas la région cherchent à y faire entrer leurs enfants. Qui ne souhaiterait pas que son enfant devienne un jour un dragon ? Seulement qui irait ouvrir les murs ou les piliers et y mettre la tête pour savoir si, oui ou non, le bâtiment était construit en carton-pâte ? Et les architectes ? Et les entrepreneurs qui ont monté ces murs ? Et les organismes de contrôle ? Ils étaient tous aveugles ? Ou avait-on acheté leur silence à coups de pots-de-vin ? »

Ce monde est trop absurde. La Chine est trop absurde. Combien de catastrophes nous faudra-t-il endurer avant que nous cessions d'être grotesques ou avant que nous le devenions un peu moins ?

Sauvez les enfants [1] !

---

1. Allusion à un texte de Lu Xun (1881-1936) qui se termine par ces mots.

Les parents de l'école secondaire de Juyuan

31 mai, dans la soirée

Le temps est couvert et le vent se lève progressivement.

Xiaojin s'est aperçue que la police armée se dirigeait vers le lieu du rassemblement et a suggéré d'aller faire un tour ailleurs. Comme elle avait engagé la conversation avec une paysanne et que celle-ci avait proposé de nous conduire en dehors du village, je me mets à suivre les deux femmes, comme un bon chien de garde.

La coulée d'eau qui se déverse sur le côté de la route est plus étroite qu'une rivière, mais son débit est plus violent, plus rageur. La paysanne s'étonne : « J'ignore pourquoi, mais depuis le tremblement de terre, ce cours d'eau s'écoule de plus en plus brutalement, comme s'il exprimait la colère des victimes innocentes. Du coup, plus personne n'ose s'y attarder trop longtemps et encore moins y venir laver son linge. »

Xiaojin lui en demande la raison. La paysanne répond que regarder l'eau provoque des éblouissements. Au cœur de ses tourbillons scintillent les prunelles des tout-petits, des enfants de l'école. Il y a deux jours, un malheureux a été happé, manifestement à un endroit où l'eau est peu profonde, près de la rive. On aurait dit qu'il avait perdu le contrôle de ses gestes et qu'il avait été aspiré par des esprits. On a retrouvé son corps coincé sous une écluse située en aval; plus d'une dizaine de personnes se sont échinées un bon moment avant de l'en extraire.

Une bicyclette passe en coup de vent. Alors qu'elle allait nous frôler, la paysanne l'attrape par son guidon. Son propriétaire est un garçon à la peau mate et aux yeux qui roulent en tous sens. La paysanne fait les présentations : c'est un enfant qui était en quatrième au collège de Juyuan, un héros de conte fantastique. Beaucoup de journalistes ont demandé à le rencontrer. Xiaojin saute sur l'occasion : « On peut bavarder un instant ? » Le jeune garçon hoche résolument la tête en signe de refus, puis se débat comme un beau diable. La paysanne pique une colère : « Tu as encore envie de t'enfuir ? Tous les jours, tu te promènes à droite et à gauche sur ce tas de ferraille, et sur la lune, tu veux y aller aussi? – Laissez-le partir, dis-je. Je pense que le tremblement de terre l'a rendu malade. »

Je regarde le garçon s'éloigner quand la paysanne se retourne vers moi en soupirant : « Il séchait les cours, se bagarrait sans cesse, jouait aux jeux vidéo et refusait d'obéir à qui que ce soit. À l'école, il était un cauchemar pour les enseignants. On venait juste de convoquer ses parents pour discuter d'un éventuel changement d'établissement quand s'est produit le tremblement de terre. Les professeurs ont demandé aux élèves de se mettre à plat ventre sans bouger. 99 % des enfants ont obéi, sauf lui qui s'est mis à courir dans tous les sens. Il s'est rué vers la fenêtre, a déchiré ses vêtements pour s'en protéger les mains, puis a brisé la vitre pour sauter par la fenêtre en hurlant. C'est dans le court laps de temps qui a suivi que le bâtiment s'est effondré. Alors que ses camarades, soixante à soixante-dix élèves, tous restés à l'intérieur, se sont retrouvés écrasés sous les décombres, lui seul en est sorti indemne. Il a réussi à sauter du premier étage, à se rétablir comme un animal efflanqué, en faisant deux roulés-boulés sur le sol et s'en est sorti avec quelques éraflures et des poils en moins. – La baraka des fortes têtes! dis-je en soupirant. Il est promis à un brillant avenir. » La paysanne me fait non de la tête : « Ce qui est bizarre, c'est que le tremblement de terre est passé depuis déjà un bon moment et qu'il cherche toujours à l'esquiver. Il ne parle pas, même à ses propres parents. Il ne se pose que pour manger, sinon il déambule partout avec son vélo. Il se faufile entre les gens, mais il les craint. Si quelqu'un le fixe du regard plus de deux secondes, il est pris de panique et détale comme un lapin. »

Au cours de notre promenade, nous débouchons sur un chemin de terre au bout duquel se trouve la cour d'une maison paysanne entourée d'arbres verdoyants. La maîtresse de maison fait d'abord entrer Xiaojin, en lui offrant l'hospitalité, puis me demande de la suivre. Son mari nous fait des courbettes en guise de bienvenue. La courette est dans un grand désordre. Comme cette position est inconfortable, je propose de manière un peu cavalière d'entrer dans la maison pour discuter. Le propriétaire me fait non de la tête, d'un geste las. Je comprends pourquoi en voyant les fissures en forme de toile d'araignée qui ont envahi tous les murs. « Depuis que notre fils n'est plus, me dit-il, nous avons élu domicile dans la cour sous cet abri en toile cirée. »

Après avoir échangé entre nous quelques banalités et fait les présentations réciproques, il y a un temps mort. Je prends alors sur moi et commence à travailler. Xiaojin soupire doucement : « Il a du culot ce Laowei. » Je fais la sourde oreille. Un certain nombre de villageois se sont approchés de tous côtés pour participer à la conversation tous torse nu. Parmi eux, un homme nommé Tong Shulin intervient à plusieurs reprises.

Laowei : Tu t'appelles Zhu Jidong? Tu es le père de Zhu Qishun qui est mort dans l'école secondaire de Juyuan?

Zhu Jidong : C'est exact. Mon nom s'écrit avec le caractère « ji », qui signifie « hériter », et « dong », comme dans Mao Zedong.

Laowei : À ton nom, je devine que tu es né pendant la Révolution culturelle.

Zhu : Oui, en 1969, l'année du IXe congrès du Parti.

Laowei : La politique de planification des naissances était déjà très stricte à l'époque, n'est-ce pas?

Zhu : Exact. Depuis ma naissance jusqu'à celle de mon fils, le planning familial a toujours été sévère. Donc, à maintenant trente-neuf ans, je n'ai qu'un enfant, comme l'exige le gouvernement. À seize ans, il faisait un mètre soixante-douze, savait chanter et jouer de la guitare. C'était un artiste-né. Ah! Qu'allons-nous devenir désormais?

Laowei : Faites-en un autre.

Zhu : Ça a été un trop grand choc. Nous nous sentons épuisés. Je ne sais pas si nous en aurons encore la capacité. Et adopter un enfant qui ne serait pas le nôtre, ça serait encore plus douloureux.

Laowei : Vieux frère, ne reste pas dans cette impasse !

Zhu : Je suis déjà dans une impasse dont je ne peux sortir. La nuit comme le jour, que j'ouvre les yeux ou que je les ferme, je vois mon enfant. Je ne sais pas si c'est du somnambulisme mais, trois fois par jour, sans même m'en rendre compte, je déambule du côté de l'école pour surveiller les ruines. Souvent, au beau milieu de la nuit, je me retrouve accroupi là-bas. Beaucoup de parents font à peu près comme moi. Parfois, en particulier quand la lune est claire, nous tombons les uns sur les autres et cela nous fait sursauter de peur. Imagine, une ombre qui jaillit subitement des ruines, ça ne te ferait pas trembler, toi ?

Laowei : Et à part ça ?

Zhu : Je frissonne, je me sens vide. Je voudrais pleurer, mais mes larmes se sont taries, les yeux me brûlent.

Laowei : Où étais-tu quand la terre a tremblé ?

Zhu : Je prenais un thé au bord de la rivière. Beaucoup de villageois jouaient au mah-jong ou pêchaient à la ligne quand, soudain, le sol s'est mis à bouger. Une vague s'est élevée d'un coup, plus haute qu'un homme. Les tasses à thé sur les tables sont tombées par terre. Moi, j'étais encore assis sur ma chaise. Si je me suis levé, ce n'est pas à cause des secousses mais parce que l'école secondaire s'était effondrée. Boum! Bam! Deux colonnes de fumée blanche, ou plutôt deux colonnes de fumée jaune se sont élevées vers le ciel, à une dizaine et non à une vingtaine de mètres au-dessus du sol, comme si une bombe atomique avait explosé. C'était une sorte de champignon, comme un jet d'eau qui tournoyait et qui avalait le soleil. Tout le bourg de Juyuan a été plongé dans le chaos et les ténèbres. La poussière se précipitait en pluie vers nous, dévalant de l'autre rive dans un immense frémissement. J'avalais de cette poussière par la bouche et par le nez.

Laowei : Savais-tu à ce moment-là que l'école s'était écroulée?

Zhu : Je n'ai pas réagi sur-le-champ. Les maisons de ce côté-ci étaient restées toutes debout. Mais après une bonne dizaine de minutes d'hébétude, nous avons machinalement contourné la rivière et couru en direction de l'école. Quand nous sommes arrivés sur place, il était déjà trop tard. Dans une atmosphère de chaos, j'entendais les enfants qui criaient au secours, qui appelaient leur père ou leur mère. C'était à vous briser le cœur. Malgré mon âge, je n'avais encore jamais assisté à une scène où l'enfer descendait sur terre. C'était la confusion dans mon esprit, je ne savais plus comment sauver qui. Comme un chien, j'étais à quatre pattes et je fouillais à droite, à gauche, sans la moindre efficacité.

Laowei : Tout était désorganisé, n'est-ce pas?

Zhu : Laotong, que voici, a été l'un des sauveteurs les plus actifs. Moi, je n'ai pas pu, car j'étais dans un tel état de faiblesse... C'était désespérant. Même la chair de ma chair, je n'ai pas réussi à la sauver. Trois morceaux de parpaing lui compressaient le bas du corps. Je marchais justement dessus en criant son nom quand, d'en dessous, une main m'a agrippé le bas du pantalon et une voix m'a crié : « Papa ! » Je me suis accroupi, puis j'ai passé la moitié de ma tête à travers le petit espace. J'ai enlevé la poussière de son visage. C'était Qishun ! Il ne semblait pas être blessé, seul son menton avait un peu noirci. Cet enfant était solide. Il essuyait même mes larmes. Je me suis mis à paniquer et à le tirer de toutes mes forces. En vain. Je déblayais tout ce que je pouvais autour de moi et creusais avec mes doigts, sans guère plus de résultats. Mon enfant me disait : « Papa, j'ai mal, dépêche-toi d'aller chercher de l'aide ! » Il commençait à éprouver des difficultés pour respirer. Je me suis retourné pour appeler les gens autour de moi. Tout le monde est venu, mais sans pouvoir faire quoi que ce soit ! Les parpaings étaient trop lourds, et si l'on en bougeait un morceau, d'autres risquaient de s'affaisser un peu plus. Nous avons gaspillé ainsi plus d'une demi-heure. Qishun commençait à perdre conscience et n'arrivait plus à relever la tête. J'ai attrapé une bouteille d'eau pour lui donner à boire. Il n'arrivait déjà plus à déglutir. Sa bouche était humide, son menton aussi. Soudain sa tête s'est renversée sur le sol et il a succombé. Il nous a fallu un temps fou avant de pouvoir l'extraire de là. J'étais resté accroupi. Je me disais que, quoi qu'il m'en coûte, je devais le ramener chez moi, en le portant sur mon dos; mais, après m'être levé et avoir fait deux, trois pas, la tête a commencé à me tourner. C'est finalement Laotong qui s'en est chargé pour moi. Ah! Je me donnais des grandes claques. « Tu n'es qu'un bon à rien! »

C'est seulement vers six heures que la police militaire est arrivée. Les ruines n'avaient guère bougé et les enfants étaient déjà pratiquement tous morts. Le Premier ministre Wen Jiabao est venu. Il a fait pleurer tout le monde avec ses larmes, mais malheureusement il y a des centaines d'enfants que nous ne verrons plus jamais. J'ai honte de ne pas avoir eu la vigueur de participer aux efforts des secouristes. Je me dis qu'autrefois j'ai été trop exigeant avec mon fils. Je régentais trop ses études, sa vie et ses loisirs, même l'avenir de cet enfant était planifié : après le collège, il serait allé travailler avec moi au Fujian, dans le reboisement, pour s'en mettre plein les poches.

Qishun était intelligent. Il m'aurait bien secondé, mais maintenant, à quoi ça sert de faire du fric? À présent, mon but, c'est de réclamer des comptes à l'État. L'argent importe peu. Ce que nous voulons, c'est comprendre pourquoi on a construit des bâtiments en carton-pâte dans le bourg de Juyuan. Les maisons ne se sont pas écroulées alors que les bâtiments de l'école, étrangement, oui!

Laowei : Quelles explications a donné le gouvernement ?

Zhu : Aucune. Pas un seul cadre n'a montré le bout de son nez. En bientôt vingt jours, ils ne sont venus qu'une seule fois. Ils sont restés quelques minutes, puis ont trouvé un prétexte pour filer, de peur d'être pris en otage par la population. Ces fonctionnaires si vaniteux autrefois ont maintenant peur de nous.

Il a fallu qu'il y ait mort d'homme avant qu'on se rende compte que le Parti communiste ne nous serait d'aucun secours, que personne ne nous viendrait en aide. Si nous nous en étions rendu compte plus tôt, on n'en aurait rien eu à cirer de leur planning familial ! On aurait profité de notre jeunesse pour pondre une kyrielle de bébés. Et leurs amendes, on leur aurait balancé au nez ! En tout cas, on n'en serait pas là aujourd'hui.

La passion mortelle d'un client pour sa poule

2 juin, dans la soirée

Le temps est incertain.

Laowang, un ami à la silhouette filiforme, vient me voir accompagné de Laoli, un sinistré bien en chair. Comme je devine que derrière cette visite se cache une histoire peu ordinaire, je m'empresse de les inviter à manger et à prendre le thé.

Dans le petit restaurant au bord de la rivière Jiang'an, après avoir forcé un peu sur la bouteille, nous commençons à tenir des propos incohérents. Laoli, le gros, se met à pleurer, affalé sur la table. Je sais qu'il vient du district de Beichuan et qu'il fait partie des rescapés. Il faut faire preuve de mansuétude à son égard; alors, tout en lui tapotant le dos, je sors discrètement mon magnétophone. Mais Laowang m'en empêche : Laoli a perdu son foyer. Depuis, il habite sous une tente et n'en sort pas facilement. Ne va pas trop vite avec ton attirail d'espion !

Je laisse échapper un petit rire que je regrette aussitôt et vide un verre d'alcool cul sec. Je me reprends : « Combien a-t-il perdu de proches ? »

Laoli ravale ses larmes et répond : « Trois. » Pour lui manifester ma sympathie, je hoche plusieurs fois la tête, puis, selon ma bonne vieille méthode, poursuis l'interrogatoire : « Quand la terre a tremblé, où te trouvais-tu ? »

Laoli raconte : « Sur mon lit. Tout nu. Le bâtiment se balançait violemment. J'ai à peine eu le temps d'attraper le pantalon qui se trouvait près de moi que les poutres se sont écroulées et que le lit s'est disloqué. En un clin d'œil, la chambre avait pris la forme d'un triangle. J'ai fait une roulade et me suis blotti dans les toilettes où j'ai été enterré vivant pendant deux jours et demi, jusqu'à ce qu'on me dégage. Ah ! J'étais sur le point de participer à une rencontre de poésie organisée par le musée de la Culture du district. Jamais je n'aurais pu imaginer ça. »

Nous vidons encore un verre ensemble et le prions de manger afin de le rasséréner. Je profite que l'atmosphère s'est un peu détendue pour continuer à lui poser des questions : « À t'entendre, tu étais seul à la maison en train de faire la sieste ?

— Oui, répond Laoli. Mon épouse était au travail, mon fils à l'école et mon beau-père sorti voir des amis. Moi je suis employé par un organisme culturel et j'appartiens à la catégorie des emplois semi-libéraux. Bref, dans ma famille, les trois personnes les meilleures sont tombées dans la gueule du démon. Et moi, cette mauvaise graine, je suis encore de ce monde.

— Tu n'es pas mauvais, dis-je. Tu es comme ça. Quelqu'un qui a une telle conscience de ses faiblesses ne peut pas être si mauvais, crois-moi !

— J'ai trempé dans tous les vices et je ne serais pas mauvais ? me rétorque-t-il.

— Les hommes sont ainsi. Tu comptes parmi les gens qui ont une conscience.

— J'ai écrit de la merde : des articles et des poèmes sans queue ni tête. Dès qu'une occasion de me laisser corrompre ou de gagner de l'argent facile se présentait, je faisais ce qu'on me disait de faire. Tu veux voir ? " Vive le président Mao ! " C'est dix yuans. Si tu me donnes cent yuans, je te le crie dix fois de suite. Je peux aussi hurler " Vive Tchang Kaï-chek ! " si tu me paies. Au début, quand j'allais dans les boîtes de nuit, j'étais mal à l'aise, puis, avec l'habitude, je me suis totalement libéré. C'est justement dans un de ces lieux que j'ai rencontré Xiaoma. À peine avais-je fait sa connaissance que nous nous sommes plu. Ça n'avait rien à voir avec les sentiments. Les sentiments sont venus quelques mois plus tard. Beichuan est une petite ville, les rumeurs circulent vite, et enflent comme des baudruches. Xiaoma et moi étions donc relativement prudents, et quand nous nous croisions par hasard dans la rue, nous évitions de nous saluer. Parmi les demoiselles de compagnie, Xiaoma était la plus attentionnée et elle n'a jamais manifesté la moindre envie de s'immiscer dans ma vie familiale.

— Ah, je comprends.

— Qu'est-ce que tu as compris ?

— Pendant le séisme, tu n'étais pas seul dans le lit.

— Exact.

— Vous étiez en train de faire la chose.

— Oui.

— Et c'est à ce moment-là que les montagnes se sont mises à trembler et la terre à gémir.

— Oui.

— À t'entendre, on dirait que tu es en train de rédiger un roman.

— Mon épouse était partie à deux heures et Xiaoma est arrivée à deux heures et quart.

— Malgré vos sentiments réciproques, tu lui donnais quand même de l'argent?

— Bien sûr que je lui en donnais. C'était son métier. Mais Xiaoma ne prenait jamais plus. Et si je voulais lui donner un billet supplémentaire, elle se mettait en colère.

— Mais dans les films, ils disent que ce n'est que quand on ne paye pas que c'est de l'amour.

— Eh ben, avec Xiaoma, il y avait du sentiment et de l'argent. Comme ça, j'étais plus détendu. Ce jour-là, nous étions en train de bavarder, enlacés, lorsque ça a commencé à bouger. Les filles ont plus d'intuition que nous. Il y avait à peine eu deux ou trois secousses que Xiaoma s'était déjà arrachée de mes bras en criant : " Un tremblement de terre ! " Elle s'était jetée sur ses vêtements, puis dans la salle de bains. L'appartement, au troisième étage, prenait des formes étonnantes. J'avais l'impression d'être sur le bord d'une bouche béante. Je criais de terreur. Je serais incapable de crier comme je l'ai fait à ce moment-là, tellement tout était bizarre.

Xiaoma se tenait encore debout et agrippait la porte de la salle de bains. Quand elle m'a vu étalé par terre, elle s'est précipitée pour me venir en aide. Elle titubait comme une ivrogne, comme les murs, comme les meubles. J'ai eu l'impression que les deux pas qu'elle avait faits dans ma direction avaient duré deux jours, ou deux ans... Quand elle a finalement réussi à attraper ma main, je me suis hissé jusqu'à elle et je me suis cogné la tête contre la porte de la salle de bains. Elle est tombée à son tour, et nous avons interverti nos positions ! Elle a à peine eu le temps de se remettre de ses émotions qu'une poutre est tombée sur elle. Elle a été écrasée, ensevelie. Ses mains se sont encore agitées, sa bouche était grande ouverte. Je me suis mis à hurler son nom sans la moindre retenue et j'avais l'impression qu'elle me répondait. Mais je n'ai plus jamais rien entendu.

Je ne sais pas comment cette fille venue d'un village du Henan, qui n'avait que vingt ans, avait pu atterrir à Beichuan. Je ne sais pas non plus pourquoi le Ciel a voulu qu'elle meure ici. Et dans une telle situation, en plus! Et moi qui n'étais après tout qu'un client comme les autres, je n'en valais vraiment pas la peine. Quel gâchis de sacrifier une si frêle existence pour épargner celle d'un quadragénaire comme moi!

Je suis resté cloîtré dans les toilettes pendant plus de deux jours, puis j'ai été ramené à la surface par l'armée. Je n'avais que des blessures superficielles qui ont disparu après quelques jours de soins. Mais je n'arrête plus de pleurer. J'ai commencé alors que j'étais encore sous les décombres et j'ai continué une fois dehors. Comment est-ce qu'un homme de mon âge a pu se transformer en une Lin Daiyu[1], qui sanglote en scrutant le paysage et qui a le cœur brisé en observant la lune? »

---

1. Personnage féminin du roman *Le Rêve dans le pavillon rouge*.

La disparition d'un futur écrivain

5 juin

Le ciel s'assombrit.

Il y a deux ou trois jours, le journaliste du *New York Times*, basé dans le Centre des médias de Shanghai, m'a contacté à plusieurs reprises et a finalement décidé que l'on se reverrait aujourd'hui.

Dix heures du matin et le soleil est déjà violent. Cette fois, c'est au tour de Howard W. French et de son assistante, Li Zhen, de parcourir des dizaines de kilomètres d'est en ouest pour venir me retrouver près du pont Chang'an à Wenjiang. Nous ne pouvons nous empêcher de nous embrasser chaleureusement. Je leur demande : « Comment se fait-il que vous ne soyez que deux ? » French me répond : « Deux contre deux, c'est plus honnête. – C'est raisonnable, dis-je en hochant la tête, deux vieilles barbes nées dans les années 1950 et deux adolescentes venues au monde après 1980. »

Le 4x4 continue sa progression, mais c'est quand même moi qui fixe la direction. Ainsi, nous quittons la route pour emprunter le vieux chemin d'il y a cinq jours et retourner au bourg de Juyuan. Xiaojin avait conservé les numéros de quelques sinistrés et, préalablement, les avait joints par téléphone pour faciliter le contact. En un rien de temps, nous arrivons à l'école secondaire de Juyuan, mais nous n'osons pas garer la voiture, comme prévu, près des ruines. Nous ne pouvons rouler qu'à vitesse réduite et, malgré les rayons ardents du soleil, nous regardons au loin. Xiaojin s'aperçoit la première que les banderoles et les affiches réclamant justice et dénonçant les coupables ont disparu, et que les nombreuses couronnes mortuaires qui rendaient hommage aux âmes innocentes ne sont plus là. Refusant la fatalité, elle baisse la vitre et essaie de retrouver les trois mots qu'elle avait déjà photographiés : « Tout m'est égal. » Une patrouille de gardes mobiles de la police locale nous dépasse en un clin d'œil.

Nous nous éclipsons précipitamment vers un endroit à l'écart du périmètre de sécurité délimité par la police. En passant sur le pont, nous nous réfugions sur une piste en terre à l'extérieur du bourg, protégée par des arbres. Je peux enfin respirer. « La dernière fois, dit Xiaojin, il y avait une foule immense ici, comme un jour de marché. Comment se fait-il qu'il n'y ait plus personne à présent ? » Je lui réponds que le soleil et les ruines n'ont pas disparu, et que ce n'est déjà pas si mal.

Une paysanne avec qui nous avions rendez-vous patiente près du pont. Xiaojin descend de la voiture, les deux femmes se jaugent, puis le petit visage de ma coéquipière s'inonde immédiatement d'un sourire. Je lui emboîte alors le pas, abandonnant momentanément French et Li Zhen. Mon nouvel interviewé émerge de sous un avant-toit. Il s'appelle Zhou Lekang. Chemise blanche, pantalon bleu, sourcils fournis, grands yeux, ce quadragénaire est le père de Zhou Jingpo, élève de quatrième à l'école secondaire de Juyuan.

La paysanne nous installe sous un saule pleureur. Nous sommes assis au bord de la rivière, devant une tente qui nous abrite des regards. Je sors mes outils de reportage et commence à bavarder. Après avoir regardé un instant de tous les côtés, Xiaojin se retourne pour prévenir French. Je ne sais pas combien de temps a passé, mais je remarque soudain qu'il se tient debout derrière moi, avec son mètre quatre-vingt-treize, comme un arbre immobile face à la brise.

> Laowei : En un rien de temps, on dirait que le bourg de Juyuan est devenu une ville fantôme.

Zhou Lekang : Les premiers jours, ça allait encore à peu près. Le Premier ministre Wen Jiabao est venu. Les journalistes chinois et étrangers, les bénévoles, les officiels, les entrepreneurs, les badauds, des gens de tous les milieux ont suivi. À cause de la mort de tous ces enfants, l'école était constamment placée sous les feux des médias. Mais depuis deux jours, il y a dû y avoir des ordres venus d'en haut qui interdisent à quiconque, et en particulier aux journalistes étrangers, de débarquer ici. Les cadres de bourg et de village passent dans tous les foyers pour nous sermonner. Les affaires de la Chine se règlent en interne et les interviews faites par des étrangers ne sont pas autorisées. J'ai appris qu'un journaliste japonais, qui n'était pas au courant de ces ordres, était entré dans le village. Il n'avait pas encore mis le pied sur le sol qu'il a été appréhendé par la police locale. Je ne sais pas s'il a pris des coups, mais, en tout cas, il a été expulsé *manu militari*.

Laowei : Tu te fais peut-être des idées, non ?

Zhou Lekang : Pas du tout ! Je suis dévoré par l'angoisse ! Mon enfant avait tout juste seize ans et, brusquement, il a disparu ! Comment faire à présent ?

Laowei : Il était fils unique ?

Zhou Lekang : On ne peut comparer ma famille à celle des autres. La mienne est pauvre. À la maison, il y avait deux bouches à nourrir en plus de ma vieille mère, éreintée par soixante-dix ans d'une vie éprouvante. Du

Revendications des parents placardées sur ce qui reste de l'école de Juyuan

Dortoirs menaçant de s'effondrer

L'auteur, Liao Liwu, en train d'interviewer M. Xu

Pourquoi certains bâtiments ont moins bien résisté que d'autres ?

Cochons ayant survécu à dix jours d'ensevelissement

Sinistrés faisant la queue pour retirer des T-shirts publicitaires distribués par une entreprise

Village de réfugiés, un an après le séisme

Village Qiang dans la montagne

La ville de Beichuan après le 12 mai

Piégé par un parpaing

Un homme tenant la photo de son fils devant sa maison

Soldats chargés de la désinfection

Vestiges du barrage de Zipingpu. Le niveau de l'eau est bas
et les montagnes voisines défigurées

Le désespoir d'une mère

Les officiels du gouvernement face à la population

début à la fin de l'année, j'étais au four et au moulin, sans pouvoir mettre le moindre sou de côté. Nos deux générations ont été laissées sur le bas-côté de la route. Dotés d'un faible niveau d'éducation et d'un manque d'ouverture d'esprit, nous ne pouvons que subir en silence. Mon seul réconfort, c'était cet enfant. À sa naissance, on avait demandé à quelqu'un de lui choisir une série de prénoms, pour finalement retenir « Jingpo », vague tranquille ; ça faisait éduqué. Depuis tout petit, il savait se faire aimer. Ma maison était déjà en mauvais état, mais avec ce tremblement de terre, elle s'est à moitié écroulée. Non loin de chez nous, à dix mètres environ, c'est le village des peintres. Dix ou vingt foyers y occupent des villas mitoyennes, au bord de la rivière, aux allures de palais indestructibles. J'allais souvent faire des petits travaux dans ce village. À l'intérieur comme à l'extérieur, les maisons étaient bien entretenues. Mon fils m'accompagnait souvent là-bas. Nous étions reçus par des gens d'une grande finesse. Dès qu'ils le voyaient, ils en faisaient l'éloge : « Cet enfant est vraiment intelligent », lui offrant toutes sortes de choses. Ils lui enseignaient même la peinture et j'ai gardé quelques-uns des dessins qu'il a réalisés tout petit. Je parie que, lui-même, il les avait oubliés.

Laowei : Quel malheur…

Zhou Lekang : Il faisait partie des meilleurs élèves de sa classe, voire de son école. Les murs de la maison étaient couverts de ses récompenses. Eh! les enfants de pauvres sont habitués très tôt à effectuer les tâches ménagères. Moi, je ne pouvais absolument pas l'aider à faire ses devoirs alors que lui, au contraire, dès qu'il avait un peu de temps libre, il n'hésitait pas à nous prêter main-forte, car il n'avait pas les deux pieds dans le même sabot! L'unique objectif de ma vie, c'était d'épargner de l'argent pour lui, chaque jour, chaque mois, chaque année, que ce soit pour le collège, le lycée, l'université ou même la recherche, du moment qu'il réussisse à passer les examens. Même si j'avais dû me saigner aux quatre veines, je l'aurais fait. Mais, hélas, le tremblement de terre est passé par là. Les immeubles se sont écroulés, les enfants sont morts et l'espoir de toutes les familles a été brisé.

Laowei : À ce moment-là, tu étais sur place?

Zhou Lekang : La chaleur était étouffante. Alors que d'autres prenaient le frais, moi, je charriais du ciment sur mon dos. J'étais ruisselant de sueur. Quand la terre a commencé à se balancer, je pensais que la tête me tournait parce que je n'avais pas déjeuné. Mais ça secouait de plus en plus violemment. Le ciment m'a glissé du dos. Les maisons alentour s'agitaient en émettant de sinistres craquements. Je me suis accroché à un arbre, puis j'ai finalement entendu les gens crier : « Il y a un tremblement de terre! » À l'école secondaire, un bruit semblable à une salve de canon a retenti. Une épaisse volute de fumée s'est soulevée et a englouti le ciel. J'ai tout de suite foncé. En chemin, la poussière ressemblait à du brouillard dans lequel on se perdait et qui nous empêchait d'ouvrir les yeux. Beaucoup de gens appelaient leur gamin. Je me suis mis à plat ventre, le nez plaqué au sol. Je cherchais les enfants. Où était mon fils ? Après un moment, dès que j'apercevais quelque chose de vivant, je le considérais comme mon propre enfant et je faisais tout pour le sauver. Qu'ils soient en vie ou bien morts, je les tirais de là, car on ne faisait pas clairement la différence entre eux ; ils étaient mélangés, écrasés et déjà réduits en crêpes farcies. Parfois, au milieu de ces galettes humaines, il y avait un survivant. J'ai vu de mes propres yeux un enfant coincé sous un parpaing ; les tiges d'acier lui rentraient dans le ventre, et il criait encore « papa » et « je vais tenir bon ». Nous n'avons rien pu faire. Pour bon nombre d'enfants, quand nous les prenions dans nos bras, leur tête tombait d'un coup sec. Les gens qui leur portaient secours brûlaient d'envie de se jeter contre un mur pour partir avec eux. À ce moment-là, mon enfant n'était déjà plus de ce monde. Je l'ai retrouvé le visage couvert de poussière. Il est mort étouffé, ce qui est toujours mieux qu'une longue agonie. Plus de la moitié de sa classe est morte, soit à peu près une trentaine d'élèves...

Laowei : Ce sont les statistiques officielles ?

Zhou Lekang : Ce sont les propres statistiques du village de Yingxiang. Dès qu'on rencontre des parents, on échange des informations et cela nous permet d'avoir des chiffres. Naturellement, ça se limite à notre propre village. Combien d'enfants venant de l'extérieur ont péri dans cette école? Je n'en sais rien.

Laowei : Vous connaissez le fils de Zhu Jidong?

Zhou Lekang : Oui. Il était dans la même classe que mon fils. Sa famille est riche et son père est le représentant du village. Il pourra aisément s'arranger avec le gouvernement local. Ma famille, non. J'ai élevé mon fils pendant toutes ces années, mais on ne m'accordera sûrement pas plus de 30 000 yuans d'indemnités. Sûr que je refuserai de signer.

Pendant l'interview, les yeux de Zhou Lekang se sont mis à rougir à plusieurs reprises. Finalement, il n'a pu résister à la tentation de nous emmener chez lui. French me jette un regard. Zhou Lekang s'en aperçoit et annonce d'une voix de stentor : « Allons-y ensemble! »

La voiture sort de sous les feuillages, contourne le village des peintres et, en quelques minutes, arrive chez Zhou dont la maison est située entre des champs et une rivière. Les arbres y foisonnent et les mauvaises herbes y prolifèrent. L'environnement est plaisant bien que les habitations soient sur le point de s'effondrer ou, pour être plus précis, que la moitié d'entre elles ne soit déjà plus qu'un amas de ruines. Heureusement, les toits avaient été construits avec des perches en bambou et des tuiles en fibre de verre, ressemblant à d'énormes éventails en plumes, qui s'ils chutaient, ne pouvaient provoquer de sérieuses blessures. French et moi nous baissons pour entrer chez Zhou. Sa demeure est dans un total dénuement, ce qui est rare dans la plaine de Chengdu surnommée le « territoire fertile ». À l'exception d'une porcherie occupée par cinq cochons qui ont survécu à ces ravages et qui se manifestent à nous en grognant, il n'y a presque aucune chose de valeur. French a l'air secoué. Il s'assied près de l'enclos, sort ses lunettes, un petit carnet et un stylo, puis, se donnant une contenance, il se met à rédiger des notes. Il écrit pendant une bonne demi-heure, noircit un bon nombre de pages, sans lever les yeux. Je m'avance vers lui pour le photographier en gros plan, sous une lumière céleste, comme celle que reflète la voûte des églises, et l'immortaliser en compagnie des cochons.

Xiaojin, en tant que représentante du sexe faible, jette son dévolu sur une vieille femme, aussi maigre et fragile qu'elle. Les pieds nus et les bras ballants, elle se tient debout sous l'avant-toit de sa demeure. Après que Xiaojin l'a interpellée à plusieurs reprises, elle tourne la tête, comme le ferait une marionnette. À force d'avoir pleuré, ses yeux sont cernés de rouge et ses paupières ont doublé de volume. Xiaojin prend plusieurs photos d'elle. Elle frissonne en silence. Xiaojin lui tend un Kleenex. Elle s'essuie mécaniquement le visage, énergiquement. Ses paupières sont irritées. Elle continue à les essuyer, comme si elle voulait les traverser, en effacer les blessures profondes.

Envahi par une tristesse irrépressible, je m'empresse de lui glisser un peu d'argent. La vieille dame s'en saisit, s'incline devant moi à plusieurs reprises, puis, claudicante, m'indique le chemin qui mène à sa cuisine. Elle me montre une jarre pour me signifier qu'elle veut me verser de l'eau à boire. Xiaojin refuse d'un signe de tête et, dans la foulée, la questionne sur la mort de son petit-fils. Comme si elle avait été électrocutée, elle commence à avoir des spasmes, puis elle sanglote en silence. On sent que ces sanglots viennent du fond du cœur, qu'ils sont encore plus violents que les répliques du tremblement de terre. Pour rester debout, elle doit s'appuyer sur sa cuisinière mouchetée de rouille.

Xiaojin, ne comprenant pas ce que continue à bégayer la vieille dame, me glisse : « En collant l'oreille, j'ai réussi à entendre ces deux caractères : " Jingpo. " Je vais demander à Zhou Lekang. – Depuis que cet enfant nous a quittés, dit Zhou Lekang, elle est comme ça. Elle reste tantôt assise, tantôt debout, oubliant de boire ou de manger. Sa bouche remue, mais, en fin de compte, on ne sait pas ce qu'elle murmure. Elle chérissait au plus haut point son petit-fils, et ce dernier avait le plus grand respect pour elle. Souvent, ils se cachaient dans un coin à l'ombre pour discuter et rigoler pendant des heures. Il écrivait de belles rédactions. Il était connu dans toute l'école. Il disait qu'il voulait consacrer du temps à raconter la vie de sa grand-mère et envoyer le manuscrit pour le publier dans les journaux de la province.

J'ai eu le carnet de notes de Jingpo entre les mains, un gros cahier rempli de passages pris chez d'anciens auteurs. Mais les derniers mots étaient de la plume de cet écrivain en devenir : « Les gens qui vivaient là-haut allaient et venaient. Certains se posaient, d'autres restaient debout, pas un ne ressemblait aux autres. Petit à petit, la maison semblait se rétrécir, et l'on pouvait en apercevoir le toit. Elle devenait une petite maison ordinaire. Tout d'un coup, elle s'est transformée en une toute petite poignée de briques, grande comme un tas de haricots, puis elle est devenue invisible. J'ai entendu dire que les gens d'antan ont aperçu dans la montagne des êtres vivants, des marchés, des boutiques, qui ressemblaient en tout au monde des vivants, c'est pourquoi ils l'ont surnommée la " ville fantôme ". »

Même les morts ont droit au bonheur

8 juin

Le temps est couvert. Le vent se mêle à la pluie.

Il y a quelques années, la grand-mère d'un ami a été enterrée dans un des cimetières de Dujiangyan. Quelques jours après le tremblement de terre, le bureau de gestion lui a téléphoné pour lui annoncer que le cimetière en question avait été gravement endommagé et que les familles des défunts devaient se concerter à propos de sa remise en état. Par respect pour les morts, cet ami s'est hâté sur les lieux. Il est entré dans l'enclos et a regardé au loin. Il a vu que plus d'un millier de fosses s'étaient déplacées et s'étiraient pêle-mêle, au gré de la colline. Il était très surpris : les constructions en carton-pâte auraient même sévi là où reposent les âmes ? En y regardant de plus près, il s'est aperçu que les fosses et les stèles étaient encore en bon état ; seuls les piliers en pierre avec un dragon lové en relief sur le pourtour étaient sens dessus dessous ; 50 à 60 % étaient coupés en leur milieu et 20 à 30 % étaient tombés en poussière. Il réfléchissait en silence : comment des bizarreries de ce genre peuvent-elles se produire ? Il n'y a pas eu de glissements de terrain, la falaise ne s'est pas effondrée et le socle des sépultures n'a pas bougé. En revanche, les stèles censées protéger les tombes ont été détruites.

Il fallait contenir ses émotions, bien que cela soit une épreuve difficilement surmontable, car les familles devaient entamer les négociations avec l'administration des lieux. Mais on avait à peine ouvert la bouche que la discussion était déjà terminée : « Si vous voulez tout reconstruire, il faudra verser 2 000 yuans par pilier. » Mon ami a donné un coup sur la table et s'est levé : « Vous faites ainsi fortune sur le dos des morts ? – Nous veillons sur eux, lui a-t-on répondu, il est donc naturel que nous gagnions de l'argent grâce à eux. Cependant, dans les zones sinistrées, le prix des matériaux et la quantité de travail ne cessent d'augmenter. Nous n'arrivons plus à joindre les deux bouts. » L'ami ne s'est pas laissé faire. « Avant, j'étais négociant en marbre. Pour un pilier d'un mètre de haut, le prix de revient était de quelques dizaines de yuans et pour faire sculpter deux dragons, ça coûtait une centaine de yuans. » Son interlocuteur a dit en riant : « D'accord, si c'est aussi bon marché, qu'en pensez-vous si je vous en commande un bon millier ? » Mon ami a rétorqué : « Disons 300 yuans le pilier. Si vous achetez en grande quantité, vous vous y retrouverez encore plus. »

Mais l'autre ne cédait pas d'un pouce. « Je peux aussi ne pas vous passer commande, ou bien vous pouvez faire un rapport en haut lieu. Nous, les Chinois, nous attachons de l'importance à la tradition, à la morale. Devant les morts, nous ne discutons pas les prix. »

Mon ami s'est mis à hurler : « Pourquoi les piliers se sont-ils sectionnés ? À cause du tremblement de terre ? Ou grâce à un coup de masse métallique ? Arrêtez de me prendre pour une andouille ! »

L'homme l'a rembarré : « Quand on affirme des choses, il faut des preuves. Nous manquons cruellement de personnel pour entretenir le cimetière, où aurait-on le temps de casser des stèles ?

— Si vous enrôliez une dizaine de paysans qui, en pleine nuit, créeraient un tremblement de terre artificiel, un millier de colonnes ne pourraient-elles pas être complètement détruites ?

— Tu... Tu es vraiment un voyou !

— Je... Je ne le serais pas, si je te donnais l'argent sans rien dire ? »

Les deux parties ont fini par s'empoigner puis ont été séparées par la foule.

Kang Ji, la jeune fille en fleurs

12 juin

Le temps est couvert. Il tombe une légère bruine.

Mon ami Kun Peng est venu en voiture à Wenjiang pour prendre le thé avec moi. Il me glisse dans la conversation qu'il veut me présenter une personne à interviewer. « Allons-y », dis-je. Nous filons d'une traite en direction du bourg de Liujie, voisin de Qingchengwaishan. Le long du chemin, je remarque les nombreux campements militaires qui arborent des banderoles marquées « contingent n° tant, armée invincible ». Les blindés sont sur le qui-vive, sans que je sache si cela est rassurant ou non.

À quatorze heures passées, nous arrivons devant une station de lavage automobile de l'autre côté du bourg de Liujie. Les propriétaires, Kang Yujiang et son épouse, sortent de la maison et nous saluent chaleureusement. Après quelques politesses, nous traversons la salle où une partie de mah-jong bat son plein. Puis nous débouchons sur une minuscule cour où, à ma droite, dans un débarras, j'aperçois une jeune fille de vingt ans. Elle est allongée et s'appelle Kang Ji. Kun Peng refuse poliment le thé offert par ses parents, puis se retourne pour tenter de canaliser les gestes hostiles de leur fille : « On ne peut rien y faire ! Je suis allé trouver un célèbre spécialiste, le professeur Kang, pour qu'il regarde attentivement tes radios. Tes os se sont légèrement disloqués, tes ligaments sont distendus et tu as même quelques œdèmes. Le profane s'imagine toujours que la paralysie d'une jambe prend naissance dans la jambe elle-même, alors que non... »

En un instant, un bouquet de visages s'approche des radios. Kun Peng est obligé de faire un effort pour se pencher et poursuivre ses explications : « La blessure à la jambe est évidente. Comme cela nécessitera un temps assez long pour te rétablir, on t'a donc demandé de quitter l'hôpital et de rentrer chez toi. Apparemment, il n'y avait rien à redire... »

Kang Ji dit en pleurnichant : « Mais je ne peux toujours pas me lever.

— Le tremblement de terre est terminé depuis déjà un mois et tu n'arrives pas à te lever : c'est donc que le problème ne vient pas de la jambe, mais de l'épine dorsale. Le professeur Kang m'a dit que les nerfs qui se trouvent à l'intérieur ont été broyés, ce qui fait que ta jambe droite a perdu sa sensibilité.

— Mais qu'est-ce que je vais faire du reste de ma vie si je ne peux pas me lever?

— Comme le gouvernement refuse absolument de verser l'argent pour l'indispensable opération, je paierai pour toi. Une si belle jeune fille, qui aurait le cœur assez sec pour la laisser se flétrir?

— Tonton Kun Peng! Tu es la personne la plus précieuse de toute notre famille! Si je pouvais marcher, ce serait un miracle...

— Mais non, mais non! Je te présente Laowei, c'est un écrivain. Raconte-lui un peu ton expérience du tremblement de terre.

— Je ne suis pas quelqu'un de célèbre.

— Aux yeux de Laowei, tu vaux mieux que les personnes célèbres. »

Ces paroles enjôleuses me mettent mal à l'aise. Pendant l'intervalle de temps où je sors mon magnétophone, je lui demande : « Comment as-tu fait la connaissance de cette famille?

— En venant chez eux laver la voiture, répond Kun Peng l'air absent. On ne peut pas vraiment dire que j'ai porté secours volontairement à cette jeune fille, c'est juste qu'elle s'est trouvée sur mon chemin. Comme beaucoup d'autres familles d'ailleurs... »

Je m'assieds près de la tête du lit. Afin de faciliter l'interview, Kang Ji, le regard limpide, positionne l'oreiller de façon à ce que sa tête soit en face du magnétophone posé sur le bord de la table. Nous commençons à parler de choses et d'autres, comme le feraient deux inconnus qui se rencontrent par hasard dans la rue. Cette fille est vraiment bien de sa personne. Si elle se tenait debout, elle serait peut-être plus grande que moi.

« Vous avez déjà tout vu. Je vis avec mon père, ma mère et ma grand-mère. Je travaille comme vendeuse de téléphones portables à Dujiangyan.

— Tu rentres souvent chez toi?
— Rarement.
— Pourquoi?
— Je suis très occupée. Je n'ai qu'un jour de congé par semaine pendant lequel je peux, dans le meilleur des cas, laver mon linge; et si je veux faire les magasins, je dois m'organiser. Quand il me reste un peu de loisir après le travail, je préfère aller au centre d'orthopédie Tianchen, rue du Bonheur, pour rendre visite à ma cousine germaine. Son mari et ses parents sont morts dans un accident de voiture. C'est elle qui soigne sa grand-mère. C'est difficile pour elle, et je trouve que je dois lui tenir compagnie autant que possible. Cela me fait du bien aussi.

Quand la terre a tremblé, nous étions cinq ou six filles en train de regarder la télévision dans une petite pièce. Nous avons été secouées...

— Vous étiez à quel étage?

— Au troisième étage du centre Tianchen. À l'origine, il n'avait que deux étages. Afin de développer son business, le patron en a construit deux supplémentaires. À ce moment-là, le quatrième étage était en travaux depuis quelques mois. Toute la journée, on entendait cogner, ça faisait un vacarme épouvantable. Donc, quand le séisme a frappé, nous pensions que c'était la décoration qui s'effondrait. Imagine, tous les jours on tapait à tout-va, et tout ça sans que rien ne puisse arriver? Mais, comme ça continuait, on s'est dit qu'il y avait autre chose. Nous nous sommes mises à hurler et nous nous sommes levées d'un coup pour courir vers l'entrée. Lorsque je suis arrivée sur le pas de la porte, la pièce s'est avachie et le chambranle de la porte s'est affalé sur mon dos. J'ai eu mal comme si j'avais reçu une décharge électrique! Le ciel est devenu tout noir, ce noir qui vous fait voir des étoiles, qui fait que vos yeux ne perçoivent plus rien. C'est plus tard que j'ai appris que si le chambranle n'avait pas entravé la chute d'un parpaing, je serais morte sur le coup.

— Les autres s'en sont sorties?

— Je n'en sais rien. Ma cousine a échappé au danger. Moi, je ne pouvais plus remuer le bas de mon corps. Je m'époumonais à crier au secours, jusqu'à épuisement. Je pouvais encore bouger les doigts, alors j'ai commencé à gratter la terre autour de moi, les larmes aux yeux. Je voulais à tout prix sortir de là.

— Tu sais te tirer des mauvais pas.

— L'instinct. Mais, peu de temps après, les poutres se sont affaissées. Une jeune fille s'est retrouvée, je ne sais comment, suspendue en l'air la tête en bas! Tel un crabe, elle tentait d'attraper quelque chose avec ses pieds et ses mains qui avaient fini par se rejoindre. Nous étions dos à dos, comme des bébés siamois! Je n'en pouvais plus! À ce moment-là, je n'avais toujours pas réalisé que c'était un tremblement de terre, je croyais encore que c'était le bâtiment qui s'était écroulé.

— Tu te souviens de l'heure?

— J'avais un portable. Nous avons crié, sangloté, puis nous nous sommes reposées quelques instants. Mes pieds me faisaient horriblement mal, et je n'arrivais pas à dormir. Ma compagne a lutté autant qu'elle a pu, puis s'est endormie. Comme j'avais peur qu'elle ne se réveille pas, je l'ai pincée. Au début, elle ne bougeait pas, puis elle est doucement revenue à elle. À deux, nous étions plus courageuses, même si elle a failli m'écraser. Je sentais vaguement que l'on marchait au-dessus de ma tête; des personnes discutaient;

c'était un mélange de murmures. Au moindre bruit, nous hurlions de toutes nos forces, à nous en déchirer le larynx, mais jamais personne ne nous répondait. Nous entendions les voitures de police et les ambulances s'affairer en faisant tonner leur sirène, sans s'arrêter ne serait-ce qu'un instant. J'ai même entendu ma cousine qui m'appelait, qui questionnait les gens et leur disait : " Ma petite cousine est prisonnière là-dessous, je vous supplie de m'aider ! "

— Ta cousine a vraiment eu de la chance.

— Les deux derniers étages s'étaient écroulés alors que ceux du dessous tenaient encore debout. Ma cousine avait été ensevelie pendant quelques heures, mais, comme la couche de terre était relativement fine, on a pu la sauver. Elle était blessée à la cheville, et une personne l'a descendue en la portant sur son dos. Elle n'a pas quitté les lieux. Elle implorait les gens et interceptait les voitures. La police militaire était là, les soldats du feu aussi, mais le poste de commandement avait donné l'ordre de secourir en priorité les écoles et les hôpitaux. Ma cousine hurlait, en larmes, recroquevillée, et s'était agenouillée plusieurs fois ; finalement, cela a ému le Ciel et neuf pompiers ont été envoyés dans l'immeuble, qui criaient en titubant : " Il y a quelqu'un ? " Nous nous sommes empressées de répondre que oui. Sous les ruines, cinq, six voix se sont élevées, s'égosillant ainsi à plusieurs reprises, sans que personne, au-dessus, n'entende rien. N'ayant perçu aucun signe, les pompiers partirent.

Tout était trop calme, trop effrayant. Nous avions été abandonnées. Auparavant, il suffisait de faire un pas en avant pour se mêler au vacarme de la rue et se fondre dans la foule, mais à présent ? Je souffrais ; j'avais peur ; je n'avais que vingt ans. La fille qui reposait sur mon dos n'en avait que dix-sept et elle est morte comme ça, quel gâchis ! J'ai du mal à me faire une raison. Théoriquement, nous sommes athées, nous ne croyons en rien, mais, à ce moment précis, nous ne nous en souciions pas, nous implorions Sâkyamuni, Guanyin, Dieu, la Sainte Vierge, tous les dieux qui nous passaient par la tête, tous les démons dont nous nous rappelions les noms, les immortels aux pieds nus, le dieu du sol, les citant à plusieurs reprises, leur demandant de nous protéger, de nous venir en aide, et comme nous ne pouvions pas nous prosterner, nous hochions la tête.

— En pleine crise, vous vous êtes jetées aux pieds du bouddha.

— C'était ce qui nous venait à l'esprit. Ensuite, nous avons commencé à discuter. Dans un noir d'encre, de tous côtés, de plus ou moins loin, nous parvenaient des bribes de conversation. Un homme d'un certain âge nous conseillait de ne pas pleurer, d'économiser nos forces. Lorsque nous sentions qu'une aide extérieure approchait, alors tout le monde se mettait à hurler. Mais quand rien ne se passait, nous perdions un peu conscience. Comme nous ne pouvions pas rester dans cet état-là trop longtemps, le moment d'après, nous poussions quelques cris pour nous appeler les unes les autres.

Nous passions, tour à tour, de l'espoir au désespoir, puis la nuit est tombée. À l'intérieur comme à l'extérieur, c'était l'obscurité et, dans la rue, le vacarme avait cessé. Nous commencions à espérer que le jour se lève, bien que nous soyons encore loin du lever du soleil. J'ai fermé les yeux, pendant au moins quelques heures, pensais-je, mais, quand je les ai rouverts pour regarder mon portable, deux, trois minutes seulement s'étaient écoulées! Progressivement, je me suis mise à suffoquer, en particulier quand la jeune fille s'est endormie sur moi de tout son poids. Je l'ai pincée un peu afin de la réveiller, mais rien à faire. Heureusement, une main est apparue, dans l'ombre, qui m'a aidée à enlever le morceau de ciment qui me pressait la poitrine. C'était celle d'un contremaître d'une société immobilière. Il était venu se faire soigner les pieds au centre quand le tremblement de terre a eu lieu. Sonné par les secousses, il n'a repris connaissance que quelques heures plus tard et, quand il a recommencé à parler, tout le monde a sursauté. Là où il se trouvait, il y avait plus d'espace. Il a creusé un passage et, dans l'instant, notre respiration a retrouvé son rythme normal. Dès lors, il est devenu notre soutien psychologique. Si c'était le Parti qui était apparu par cet interstice, je pense que tout le monde y aurait adhéré.

— C'est tellement vrai.

— Nous lui avons demandé l'heure au moins des dizaines de fois et son portable a flashé d'autant. C'était de la folie ! Nous croyions que le jour allait se lever, mais il nous a dit qu'il n'était qu'une heure du matin. Chaque instant était une souffrance pour nous. J'avais l'impression que nous ne verrions jamais le bout du tunnel. Je sanglotais. Ce monsieur essayait de téléphoner, sans résultat, d'abord parce qu'il n'y avait pas de signal, ensuite par manque de crédit. C'est étrange, il avait deux portables haut de gamme, et, normalement, pour ce genre de modèle, le forfait est conséquent, or c'est au moment crucial qu'il s'est épuisé ! Nous devions attendre que quelqu'un appelle. Il a commencé à pleuvoir. Nous avons entendu le tonnerre, vaguement, au loin. Tout mon corps marinait dans l'eau, gagné par un froid piquant et une douleur perçante. Je claquais des dents et de la vapeur sortait de ma gorge. Afin de me désaltérer, j'inclinais la tête pour laper l'eau de pluie.

Je sentais mon âme quitter mon enveloppe charnelle quand le téléphone de cet homme s'est mis à sonner. En un éclair, nos cœurs se sont retenus de battre. C'était un ami de Chengdu qui l'appelait ; il avait téléphoné, sans arrêt, toute la nuit. Comme il ne lui restait plus qu'une brique de batterie sur son téléphone, il veillait à expliquer clairement où il se trouvait exactement. Nous étions proches du malaise.

L'aube poignait doucement. Les amis de notre sauveur étaient là. Ma cousine les a menés dans les étages. Ils creusaient vainement avec leurs mains. Ils ont donc fait demi-tour pour aller chercher des outils, des marteaux, des foreuses électriques, des criques, sans guère plus de réussite. Le contremaître s'y connaissait en architecture. Il a appelé pour dire où se trouvaient les blessés, comment il fallait creuser, comment nous contourner, comment imiter les profanateurs de cimetière, comment éviter les obstacles. Après avoir usé de tous les stratagèmes, ils ont fait venir une grue afin de soulever le parpaing qui nous recouvrait. L'instant d'après, les pompiers sont arrivés. Les véhicules du centre de commandement se sont arrêtés au milieu de la rue et tout ce beau monde a commencé à mettre en place un plan d'intervention.

La première fille qu'ils ont sauvée a été emmenée immédiatement à l'hôpital. Mais, peu de temps après, elle est revenue au pas de charge pour aider les pompiers à repérer les endroits où étaient enterrés les gens. Tout le monde en a été très touché. Les Chinois ont vraiment le sens de la solidarité. L'homme providentiel disait avec insistance : " Tiens bon, petite sœur. " Mais je sentais que mon esprit allait bientôt s'échapper de mon corps. Dans la pénombre, ça allait encore à peu près, mais avec la lumière, ma vue s'est troublée, mon crâne s'est mis à enfler. En écoutant ce que me disait cet homme, j'avais l'impression d'être séparée de lui par une vitre : il avait la bouche grande ouverte, pourtant je n'entendais rien. Il est remonté à la surface, mais quand les pompiers ont voulu l'extraire, il a refusé : " Il y a une jeune fille là-dessous, elle est mal en point. Si on tarde trop, elle va mourir. "

Inconsciemment, je me frottais la jambe qui ne réagissait déjà plus. L'homme m'avait expliqué que si je ne voulais pas finir handicapée, je devais les masser sans cesse, pour faire circuler le sang. Finalement, la jeune fille qui reposait sur mon dos a été soulevée par les pompiers. J'ai poussé un long soupir de soulagement. Je me suis redressée et, tout à coup, je me suis sentie légère. Mais je ne pouvais toujours pas sortir; mes jambes étaient bloquées, il fallait pratiquer d'autres ouvertures.

J'étais sur le point de mourir. Je sentais que mes paupières étaient lourdes. J'essayais d'ouvrir les yeux, de toutes mes forces, en vain. Un pompier s'est faufilé par le trou, la tête en avant. Il m'a essuyé le visage et a raclé les gravats qui se trouvaient autour. Il avait les mains pleines de sang. Il avait tout au plus dix-huit ans. Telle une nouille dans un bol, j'étais complètement ramollie. Il disait que je ne devais pas faiblir, qu'il fallait tenir et lui faire confiance. Il sanglotait.

Il a empoigné la découpeuse et a commencé à débiter le parpaing. Ils s'y sont mis à six et il a fallu pratiquer quatre ouvertures. J'ai été la dernière à avoir été extraite. Il m'a prise dans ses bras, nous sommes descendus de l'élévateur, puis il m'a déposée dans la civière. J'ai rassemblé mes dernières forces pour essayer d'apercevoir son visage.

Les rayons du soleil étaient aveuglants. J'ai entendu quelqu'un dire qu'il était plus de onze heures. Ensuite, on m'a recouvert le visage.

Je n'ai plus jamais revu mes sauveurs, que ce soit le pompier ou le contremaître. À quoi ressemblaient-ils ? Mes souvenirs sont confus. Même si, un jour, je les croise dans la rue, je ne pourrai pas les reconnaître. »

Qiu Gang, le paysan poète

15 juin

Il fait un temps splendide.

Dans l'après-midi, je me rends à Liujie pour rencontrer Qiu Gang, un paysan de cinquante-trois ans, féru de poésie. Quelques jours avant, un ami m'avait informé que ce nommé Qiu avait perdu cinq de ses proches dans le tremblement de terre. Il y a matière à écrire!

« Dans votre cercle d'amis, des poètes sont-ils morts? lui demande Laowei.
— De la Société des poètes, non. Moi, j'ai failli y passer, lui répond Qiu Gang.
— Pourquoi?
— En 2007, j'ai vendu ma maison de Liujie pour emménager à Dujiangyan, mais je retourne à Liujie régulièrement pour participer à des réunions poétiques rurales et à des activités diverses. Le 12 mai au matin, peu après neuf heures, Liujie était déjà paralysé par des embouteillages inextricables. Une vingtaine de membres de la Société des poètes

étaient déjà arrivés, une pile de poèmes à la main. J'ai chaussé mes lunettes de presbyte et j'ai essayé, avec le plus grand soin, d'améliorer chaque poème, puis de justifier les corrections, ce qui m'a demandé beaucoup de travail. Comme la réunion avait traîné en longueur, nous n'avions pas d'autre choix que de déjeuner à Liujie. En temps normal, je rentrais manger chez moi.

— Rentrer à la maison pour manger? Donc, ton destin a basculé.

— Oui, oui. Peut-être que nous ne nous serions jamais vus.

— La poésie t'a sauvé la vie.

— Exactement. Depuis le séisme, j'écris des poèmes tous les jours.

— Et ensuite?

— La terre a grondé. La réunion était presque terminée. La foule, dans la rue, était clairsemée. Il ne restait plus que deux, trois toqués de poésie qui continuaient à bavarder. Quand braoum! Nous avons été secoués plusieurs fois d'affilée, comme si nous étions assis sur un tape-cul. Je me suis propulsé dehors en hurlant : " La terre tremble! " Alentour, il n'y avait presque que des maisons de plain-pied. On voyait leurs tuiles voltiger. Heureusement elles n'ont blessé personne. Nous nous tenions au milieu de la rue. Notre cœur nous semblait avoir été lacéré par les griffes d'un chat. L'électricité avait été coupée, les communications aussi. Je me suis saisi de mon portable qui était en piteux état, mais impossible d'entrer en contact avec la famille. Puis un habitant de Dujiangyan a surgi criant à la cantonade : " Vous avez encore le cœur à vous divertir alors que, là-bas, c'est la misère ? "

Comme tiré d'un rêve, j'ai sauté dans la voiture, puis j'ai roulé en direction de la ville. Habituellement, vingt-cinq minutes sont nécessaires pour faire le trajet, mais là, il m'a fallu au moins deux heures. Sur la route, les voitures se suivaient en file indienne et les sirènes de leur Klaxon étaient encore plus insupportables que des hurlements de douleur. Envahis par des nuages de fumée où s'ébattaient des silhouettes d'êtres humains et de voitures, les abords de la ville ressemblaient à un décor de film de guerre. Certaines personnes étaient allongées, assises ou soutenues, d'autres boitaient, enveloppées parfois dans un bandage, le corps couvert de sang. J'avais du mal à respirer. Mes mains, qui tenaient le volant, tremblaient malgré elles. On ne pouvait passer ni par cette route-ci ni par celle-là. Je ne sais pas combien de détours j'ai dû faire avant de déboucher sur de l'asphalte : la rue où j'habitais. Grâce à sa structure, l'immeuble de six étages tenait encore debout ! Et cela, bien que le revêtement des murs ait disparu à de nombreux endroits et que tout ait été ravagé alentour. La maison de ma petite sœur, en particulier, une rue plus loin, s'était transformée en un monceau de débris.

Je me suis rué dans les étages sans me poser de questions. J'ai poussé la porte. Tout ce que nous possédions s'était brisé en mille morceaux. Mais, dans notre grand malheur, nous étions sains et saufs : j'étais entier, ma vieille mère, mon épouse, mon enfant étaient vivants. Hélas, ma petite sœur, son mari, mon neveu, ma grande sœur qui leur rendait visite et les petites-filles d'une de mes tantes, ont tous péri.

— Tu as pris part aux secours ?

— Je ne comprenais pas ce qui se passait. Tout ce que je savais faire, c'était hurler le nom de ma petite sœur à plat ventre sur les ruines. Je l'ai scandé des centaines de fois sans jamais obtenir de réponse. En fait, même s'il y en avait eu une, je n'aurais rien pu faire, car elle était coincée entre plusieurs couches de béton armé. Et il n'y avait aucune pelleteuse...

— Et les équipes de secours ?

— Elles ont débarqué à Dujiangyan à la nuit tombée et se sont rendues en priorité dans les écoles, les hôpitaux et les bâtiments gouvernementaux. Dans notre zone d'habitation, des bataillons de la Sécurité publique composés de huit à dix hommes ainsi que des miliciens envoyés par les bourgs et les communes étaient chargés des opérations de sauvetage. Le 13 mai, quand le Premier ministre Wen Jiabao est venu faire une visite, le personnel et le matériel de secours étaient au complet. J'ai veillé toute la nuit, agenouillé à l'endroit où se trouvait ma petite sœur, ce qui a permis aux sauveteurs de la localiser. À l'aide d'une grue, ils ont d'abord déplacé les parpaings ; ensuite, avec les pelleteuses, ils ont balayé les morceaux de béton.

Après avoir fouillé pendant des heures, les soldats ont fini par trouver mon neveu, âgé de vingt et un ans.

— Il est mort?

— Sa boîte crânienne et son corps étaient tout déformés. C'était vraiment horrible. Le 14 dans la journée, on a extrait mon beau-frère, ma grande sœur et mes nièces. Il a fallu attendre le 17 pour que l'on retrouve enfin ma petite sœur. Son cadavre exhalait déjà une odeur fétide. À ce moment-là, la ville pullulait de volontaires. Dans notre coin, il y en avait vingt-trois, qui s'activaient jour et nuit. Ce sont eux qui ont sorti ma petite sœur de sous la pelleteuse.

— Du 12 au 17, tu as passé ton temps à soulever des gravats.

— Je n'ai presque pas fermé l'œil. Je n'avais plus où loger. Quand je m'arrêtais de creuser, tard dans la nuit, je rentrais alors en voiture à Liujie pour me reposer. Mais j'étais étrangement nerveux et je n'arrivais pas à trouver le sommeil. Le jour n'était pas encore levé que je revenais et que je continuais à monter la garde. Les deux, trois premiers jours, je n'ai pas ressenti la faim. À un moment, j'ai voulu me lever lorsque le ciel et la terre se sont soudain mis à tourbillonner autour de moi. J'ai eu de violentes contractions à l'estomac et j'ai vomi de la bile. Ensuite, tel un chien enragé, je suis parti en quête de nourriture. Ce n'était pas une mince affaire, car, dans une ville de l'envergure de Dujiangyan, tous les restaurants avaient fermé leur porte. Dans un coin perdu, je suis tombé sur une gargote pleine à craquer. Je me suis glissé à l'intérieur pour commander un plat de viande, des saucisses grasses et une assiette de légumes aux crevettes. J'ai tout englouti en quelques minutes.

Puis je suis retourné sur les ruines. Quand les proches des victimes ont commencé à arriver sur les lieux, j'ai poussé un soupir de soulagement. Ensuite, on a commencé à s'occuper des corps. Il y avait trop de cadavres ; les crématoriums de Dujiangyan faisaient des heures supplémentaires, de jour comme de nuit. Malgré cela, tous n'ont pu être incinérés. Nous avons dû les mettre en terre. En ce moment, le gouvernement ferme les yeux sur cette pratique, interdite depuis quelques années.

— Là où vous étiez, il y a eu combien de morts ?

— Je ne sais pas exactement. Au moins deux cents. J'ai vu, de mes propres yeux, extraire une vingtaine de personnes de l'immeuble de ma petite sœur. Mais nous savons qu'il reste encore des corps sous les décombres et qu'il ne sera pas facile de tous les retrouver.

— Il restait des vivants ?

— Il y en avait trois. Parmi eux, un gamin de dix-huit ans qui est passé à la télé centrale. Il y avait aussi un petit chien noir, couvert de poussière, sauvé de dessous les parpaings.

— Trois personnes et un chien. Je suppose que ce dernier en gardera des séquelles.

— Les animaux ont la mémoire courte, il n'en est pas de même pour les humains. Encore maintenant, ma mère de quatre-vingt-six ans se réveille en pleine nuit en arguant qu'elle veut rentrer chez elle. Comme elle n'a plus de maison, elle déambule dans les rues et, quand la lune est claire, on voit errer son ombre tremblante. C'est effrayant.

— Étant son fils, tu n'essayes pas de communiquer un peu avec elle?

— Elle est dure d'oreille. Elle peut parler, mais elle n'entend rien. De ses trois enfants, il ne reste plus que moi. Je ne m'en occupe sûrement pas aussi bien que le faisaient mes sœurs. Elle ne mange pas, ne boit pas, ne dort pas, je ne sais pas comment faire. Les médecins non plus. Ils se contentent de me dire que ça s'arrangera avec le temps.

De plus, je ne suis plus tout jeune. J'ai une néphrite et j'ai maigri d'une dizaine de livres. J'ai peur que le souvenir de ce tremblement de terre ne me hante jusqu'au dernier jour de ma vie. Souvent, malgré moi, je vais à Dujiangyan en voiture. J'y flâne, regarde de loin les ruines et les bâtiments qui tiennent encore debout, l'air hébété. C'est un jeu dangereux, car l'hébétude peut provoquer des hallucinations. Certes, le Parti et le gouvernement ont appelé au rassemblement de tous dans le travail d'aide aux sinistrés. C'est vrai, il n'y a rien à dire. Les tentes et les cabanes s'étalent à perte de vue. Les ruines sont en cours de déblaiement. Les jeux Olympiques vont avoir lieu. La situation s'améliore. Mais, pour un bon nombre de résidents originaires de cette région comme moi, nos rêves ont été brisés par le séisme, et rien ne pourra les faire revivre. Dujiangyan a été mutilé de l'intérieur; 90 % des maisons sont inhabitables. Et, sur le plan psychologique, la population a été frappée à 200 %. Oublions tout ça! Avant, j'étais quelqu'un de joyeux, mais depuis le 12 mai, mes zygomatiques se sont figés; dès que je souris, je souffre. »

L'école secondaire de Sangzao dans le district de An

20 juin

Le temps s'éclaircit, il est entrecoupé de bruines.

L'après-midi, je contacte le directeur de l'école secondaire de Sangzao, Ye Zhiping. Nous décidons de nous rencontrer le lendemain.

Le directeur Ye est déjà une célébrité, car, des années avant tout le monde, il avait utilisé le double du budget prévisionnel pour rénover les bâtiments scolaires et se débarrasser des matériaux qui n'étaient pas aux normes. Du coup, durant ce tremblement de terre que personne n'avait annoncé, aucun des sept cents professeurs et élèves qui étaient en cours n'a été blessé ou n'a péri.

Quand je pense au directeur Ye, l'image de Confucius me vient à l'esprit. Si ce grand maître n'avait jamais existé, notre civilisation serait restée dans les ténèbres. Dans des milliers d'années, ce directeur de collège deviendra-t-il à son tour le maître à penser d'innombrables enseignants ?

21 juin

Le temps se couvre et il y a du crachin.

La veille, j'ai convenu d'un rendez-vous avec mon grand frère, Damao. Ce matin, nous nous sommes retrouvés à la gare routière du temple Zhaojiao, dans la banlieue nord de Chengdu, et avons pris la route ensemble.

Damao conduit un 4x4 Chevrolet. Il ressemble à un caméraman professionnel, alors qu'en fait il est dentiste de profession. Comme je m'inquiète qu'on puisse lui reprocher de ne pas se livrer à ses activités professionnelles attitrées et comme nous fonçons sur une autoroute envahie de brouillard, je lui rappelle à chaque instant : « Roule un peu moins vite. » À travers la pluie fine qui vient frapper la vitre de la voiture, j'aperçois vaguement la vieille route désaffectée ; ceci me ramène vingt ans en arrière, du temps où ma grande sœur Feifei faisait des allers-retours entre la famille de son mari à

Mianyang et la sienne à Chengdu. À présent, le trajet ne dure que deux heures, alors qu'avant il fallait gaspiller une demi-journée. Comme le temps passe vite! Ça fait déjà vingt ans qu'elle est morte! Et mon ex-épouse, Song Yu, qui avait eu son accident là où elle était née, m'a quitté depuis déjà plus de quatre ans. Les morts et les vivants sont présents devant moi et je ne parviens plus à distinguer les uns des autres. C'est comme s'ils se fondaient dans la bruine qui nous entoure.

Depuis longtemps, je ne suis plus un poète, mais, parfois, je contacte certains d'entre eux. Le dodu Laolu qui nous accueille à Mianyang continue, quant à lui, à écrire des poèmes. Pour le déjeuner, nous avons mangé de la viande de bœuf pour refaire nos stocks d'énergie. Tout en mastiquant, nous en avons profité pour raconter des anecdotes sur la poésie, comme untel qui s'est bien enrichi, ainsi que sur le tremblement de terre de Beichuan qui, d'un seul coup, a exterminé telle société de poètes, soit plus d'une cinquantaine de membres, etc. Ensuite, nous sommes partis ensemble pour Sangzao. En passant par les centres de secours situés sur les collines de terre jaune devenues célèbres, Damao lève les yeux pour lire les grandes banderoles d'un rouge éclatant et commence à ralentir. Mais moi, ça ne

m'intéresse pas, et je dis sur un ton insistant :
nous reviendrons ici sur le chemin du retour.

Aux alentours de deux heures de l'après-midi,
notre 4x4 débarque à Sangzao. Le soleil disparaît tout doucement. Le ciel, la terre et les hommes continuent de s'enfoncer dans un bourbier sans fin. Laolu sent que les paupières de ses grands yeux sont lourdes comme si elles étaient collées entre elles par de la chassie. Tout en klaxonnant, Damao passe la tête par la fenêtre et hurle pour se frayer un chemin à travers une foule hébétée. Je jette un rapide coup d'œil sur les maisons qui se trouvent de chaque côté de la rue ; elles ne dépassent pas trois étages ; la plupart de leurs façades se sont effondrées, mais, grâce aux poutrelles, leur squelette est encore sur pied, de guingois. Cependant, les restaurants continuent à se développer dans ce secteur, et leur business reste manifestement florissant comme avant. Des tables basses ont été installées en plein air et, parfois, occupent toute la largeur de la rue ; les villageois, dans un formidable brouhaha, font bombance, certains assis, d'autres debout. Parmi les chefs cuisiniers qui se font le plus remarquer, il y a un petit gringalet aussi épais qu'une palanche et une grosse femme qui dépasse le quintal. Ils s'épient tout en frappant

bruyamment leur wok avec leur spatule. Damao leur crie : « Quel culot ! Oser manger et boire sur les décombres du séisme ! Vous ne craignez pas que les maisons vous tombent sur la figure ? » La grosse femme lui répond : « Quand on mange et qu'on boit, on n'a pas peur de mourir. Et si on a peur de mourir, on n'a plus envie de manger ni de boire. Allez, joli cœur, viens, il y a encore des places à l'intérieur. Si ta maison s'est effondrée, c'est gratuit, et si ma cuisine ne te convient pas, c'est gratuit aussi. » Je lui demande : « Et si les règles d'hygiène ne sont pas respectées, je ne paie pas non plus ? », ce qui déclenche l'hilarité générale. « Même si ce n'est pas nickel, mange d'abord et on verra si tu tombes malade ! »

Laolu en a le bec cloué. Après avoir goûté, il donne ses impressions : « C'est le meilleur de la cuisine sichuanaise ! Les Chinois, et en particulier nous, les Sichuanais, nous avons une capacité de survie qui est célèbre dans le monde entier ! Nous sommes comme des loches qui se cachent dans la boue et qui n'ont ni squelette ni cervelle... »

Au bout d'une enfilade d'étals tenus par des paysans, nous tombons enfin sur l'école secondaire de Sangzao. Au premier coup d'œil, on dirait une entreprise de bourg tout à fait quelconque. L'entrée est étroite et la grille est piquetée de taches de rouille. Je descends de voiture pour me renseigner sur le directeur, Ye Zhiping. Le garde à l'entrée m'indique qu'hier soir il est allé participer à une réunion au siège du district. Je suis surpris et me dis : « Nous avions fixé un rendez-vous, pourquoi ce soudain changement ? » J'exige alors de rencontrer l'épouse du directeur. Le garde contrôle nos papiers, vérifie notre identité, puis téléphone pour savoir ce qu'il doit faire. Finalement, il nous laisse entrer.

Un représentant de l'école, le professeur principal Huang, un jeune à la tenue impeccable apparaît devant nous. Après une longue série de politesses, nous sommes amenés vers le bureau provisoire où sont érigés les tentes de survie, deux ordinateurs, deux tables et des bancs en nombre limité. J'explique en termes simples le but de notre venue. Après m'avoir bien écouté, le professeur principal Huang me dit à voix basse : « Désolé, mais le directeur Ye a affaire pour le moment, il ne peut pas vous recevoir. Il m'a mandaté personnellement pour vous accueillir. Si vous avez des dons ou du courrier à lui transmettre, je m'en charge, ça vous va ? » Je lui réponds que non. Le professeur Huang me dit alors : « Nous sommes tous unis dans une même cause. » Je lui rétorque : « S'il s'agit

d'un modeste don personnel, ce n'est pas la peine de passer par des démarches administratives. » Le professeur Huang se défend : « Vous vous méprenez, camarade écrivain.
– Vous aussi, vous vous méprenez, camarade professeur. Je vis de mes propres écrits, je ne connais rien aux affaires officielles. Mais, comme moi, les écrivains qui se trouvent aux États-Unis ne croient pas à la pureté des organisations gouvernementales ni des unités de travail. Donc, ils préfèrent charger des amis de donner directement l'argent au directeur Ye, de la main à la main. » Je précise également que ce n'est pas un don en rapport avec le tremblement de terre. Le directeur Ye peut en disposer librement ou accorder une indemnité aux familles. « Êtes-vous en train de me dire que, chaque fois qu'une personne généreuse a envie d'aider un ami dans la détresse, elle a besoin de l'autorisation d'un organisme ? »

Il pique un fard. J'en profite pour lui demander si l'épouse du directeur est là. Il me fait un signe de tête pour dire « oui ». Ainsi, grâce à mon entêtement, la femme de Ye, professeur dans l'école, finit par se montrer. C'est une femme toute menue aux cheveux grisonnants. Après quelques banalités, elle entre dans le vif du sujet : « Je représente Ye Zhiping et toute la famille, et je remercie monsieur [...] [1] des États-Unis, j'ai reçu toutes ses lettres, ainsi que celles de sa fille. Je les conserverai auprès de moi toute ma vie, seulement nous ne pouvons pas accepter cet argent. Ne me coupez pas, s'il vous plaît. Le système éducatif a ses règles et personne n'a le droit de créer ce genre de précédent. » Après avoir hésité un bon moment, je lui demande : « Comment avez-vous géré les dons adressés au nom du directeur Ye ?

— Ils ont été directement déposés sur le compte du bureau de l'éducation, qui est administré par nos supérieurs.

— Et comment s'en occupent-ils ?

— Quand l'école a besoin d'argent, nous établissons un budget, puis nous le soumettons au bureau de l'éducation qui l'examine. S'il l'approuve, on nous attribue la somme voulue.

— À l'origine, cet argent vous était destiné, à quoi bon faire de tels détours ?

— Les autorités prétendent que c'est à cause de la trop grande notoriété de Sangzao et de Ye Zhiping. La majorité des écoles sinistrées n'a pas cette chance et ne reçoit que de faibles sommes d'argent. Il faut donc rétablir l'équilibre, répartir les ressources de façon égalitaire.

— Rester digne de la grande famille du socialisme.

1. Le nom n'est pas cité par l'auteur.

— Oui.

— Et la volonté du donateur ? Qui contrôle le bureau de l'éducation ?

— Ne posez pas de questions auxquelles je ne peux pas répondre. Nous sommes des gens ordinaires qui se contentent de remplir leurs obligations et de respecter la morale. Ça me gêne un peu de dire cela. Je ne sais pas comment l'expliquer à vos amis américains. »

Après ce dialogue de sourds, elle pousse un profond soupir, puis se retourne pour chuchoter quelque chose à l'oreille du professeur Huang. Derrière eux patrouillent quelques policiers venus du Nord, du Liaoning, plus grands que les gens du Sud. Leur chef s'assoit carrément près d'un mur à deux mètres de nous, tripote son chapeau, l'air absent, tout en nous observant du coin de l'œil.

Finalement, Madame Ye prend une décision : « D'accord, camarade Laowei, Ye Zhiping et moi acceptons cette somme d'argent. Nous l'injecterons directement dans le budget de l'école et nous ne le déclarerons pas. Professeur Huang, prenez l'argent, je rédige le reçu afin de conserver une trace écrite. »

Et c'est ainsi que s'est réglée l'affaire du don de 7 000 yuans. Je commençais à m'ankyloser dans cette histoire !

L'atmosphère se détend. Nous visitons les bâtiments de l'école en compagnie de Madame Ye et du professeur Huang. La fameuse bâtisse de quatre étages qui a été consolidée huit fois en trois ans, rafistolée de tous côtés, tient encore étonnamment debout. De l'extérieur, elle ressemble à un camp de concentration constellé de grilles métalliques. Il paraît que les piliers des murs porteurs dans les salles ont été coulés de nouveau. Je tente d'aller vérifier par moi-même, mais le professeur Huang agite la main pour me faire comprendre que tous les dangers n'ont pas été écartés. Intéressé, je demande : « Les médias ont rapporté qu'il y a quatre ans le directeur avait réussi à imposer des exercices périodiques d'évacuation et qu'il y a trois ans il avait commencé à prendre des mesures pour remplacer tous les matériaux défectueux utilisés dans l'immeuble. Aurait-il des dons de voyance ? »

Son épouse me dit en se forçant à rire : « C'est une école de bourgade et son fonctionnement est digne du Moyen Âge. Il y a souvent des coupures d'électricité et de sales gosses qui profitent de la nuit pour mettre le bazar dans les salles de classe. Il arrive que ces élèves s'en sortent avec une grosse frayeur ou, au pire, avec des blessures. Plus grave encore, ils se sont amusés à plusieurs reprises avec le feu et ont ainsi provoqué des incendies. Si un drame était vraiment survenu, qui aurait dû en assumer les conséquences? C'est pourquoi Ye Zhiping a ordonné que toutes les classes participent à date fixe à des exercices d'évacuation en cas d'incendie. L'itinéraire à emprunter est minutieusement planifié et les professeurs se chargent de distribuer les rôles à chacun. Avec le temps, cela est devenu une habitude. Quand la terre a tremblé, l'exercice d'évacuation incendie s'est transformé en exercice d'évacuation sismique. Parmi les professeurs et les élèves, soit plus de sept cents personnes en tout, aucune n'a péri. »

Le premier show artistique de l'après-séisme

21 juin

*Le temps se couvre
et une légère bruine se met à tomber.*

Nous quittons l'école secondaire de Sangzao. Pendant le trajet, personne n'ouvre la bouche, comme si notre cerveau était rouillé. L'air figé, nous regardons par la fenêtre. Les tentes disséminées de part et d'autre de la route sont parfois collées les unes aux autres, parfois clairsemées. En chemin, nous rendons visite au poste de secours des collines de terre jaune situées dans la lointaine banlieue de Mianyang. Un garde portant brassard nous intercepte d'un geste de la main. Damao baisse la vitre et lui présente sa carte de journaliste-caméraman. L'homme au brassard lui dit : « On ne passe pas. J'ai des consignes très strictes de mes supérieurs. On ne peut pas filmer ici. » Damao rétorque : « Et faire un petit tour, ça doit être possible, non ? » Sans attendre sa réponse, nous avançons avec la voiture.

Les tentes ondoient à l'infini et sont réparties en deux zones, une à droite et une à gauche. Je pense qu'il y a plus de dix mille personnes qui vivent ici. Nous nous sommes juchés sur une butte, au milieu du camp, ce qui attire l'attention des réfugiés. Avec son allure hautaine, Damao ressemble à un héros de combat. Il marche d'un pas pressé vers la digue qui se trouve devant lui. Le poste de commandement, un commissariat provisoire ainsi que des haut-parleurs ont été installés là-bas. Comme le poète Laolu et moi avons l'air un peu louche, nous devons nous cacher dans un coin discret, nous approchant du mieux que nous pouvons des réfugiés, tout en regardant à droite et à gauche comme le font les rats. Je suis à bout de patience. Je sors mon appareil photo pour prendre quelques clichés quand je suis stoppé net par un homme au brassard rouge et à l'œil de lynx. Lui sourire n'est d'aucun secours et, sous la contrainte, je dois effacer les images. Je lui demande d'où vient ce brassard. Il me répond : « Je suis bénévole. » Je le charrie un peu : « Bénévole ? Complice, tu veux dire. » Un peu gêné, il me murmure : « Si nous sommes trop laxistes, nous sommes virés par la police. Alors, un peu d'indulgence. » Laolu acquiesce de la tête : « Je suis également citoyen de Mianyang et j'ai failli me porter volontaire, mais, malheureusement, mon épouse m'en a empêché : elle ne voulait pas que je m'éloigne. » C'est vrai, il faut se montrer compréhensif.

Ensuite, je lui demande si les gens extérieurs au camp sont autorisés à entrer en contact avec les sinistrés. Il me répond qu'il faut avoir l'agrément du poste de commandement. Au moment où j'allais lancer qu'« ici, ce n'est pas un camp de concentration pour les Juifs », Laolu intervient aussitôt : « D'accord, d'accord. Nos compagnons sont en train de discuter là-bas. On peut quand même faire un tour ? »

Il hésite : « Faire un tour ? Pas de problème. Mais interdit de prendre des photos ou de discuter avec les réfugiés, encore moins de faire une interview. En effet, ces derniers temps, les réfugiés se sont montrés très nerveux. »

Ainsi, je me balade dans les allées, entre les tentes. Il vient tout juste de pleuvoir et, dans les tentes, on baigne dans de la vapeur d'eau, comme si on était dans une étuve. Je glisse ma tête à l'intérieur quelques secondes. J'ai tout de suite l'impression d'être passé dans un fumoir qui fait jaillir un mélange de larmes et de sueur. Je retrousse les manches de ma chemise. Après avoir longtemps essuyé mes verres de lunettes, je vois clairement un alignement de nattes où cinq, six enfants dorment à poings fermés. Je me demande comment ils arrivent à dormir aussi profondément avec une telle humidité. Laolu soupire : « Ma propre famille a déjà dormi dans des tentes de survie. C'était des tentes haut de gamme avec des matelas pneumatiques. Dès que le soleil se levait, la température montait et pouvait atteindre cinquante degrés. C'était un véritable sauna. Quand Tan Li, secrétaire du comité municipal de Mianyang, est venu faire son inspection et nous lancer ses " bonjour, camarades ", les sinistrés, de rage, lui ont répondu : " Bonjour, mon cul, oui. " » Je lui ai dit : « Ta maison ne s'est pas écroulée. Toi tu pouvais toujours retourner chez toi en douce alors que ces pauvres gens ont été obligés de tout quitter pour s'installer dans une banlieue désertique où l'on ne peut ni vraiment se loger ni vraiment se restaurer. »

Un vieillard usé par la fatigue et qui n'arrêtait pas de soupirer prend part à la conversation : « Nous ne pourrons pas retourner chez nous. Dans la ville de Beichuan, le sol a été fragilisé. Comment reconstruire une région dans ces conditions ? Dans cet endroit maudit, aucun espoir n'est permis. Quand les rats sont dans le soufflet, ils ne peuvent sortir ni d'un côté ni de l'autre, la seule issue, c'est la mort. »

Machinalement, je sors mon magnétophone ; Laolu me le défend. Le vieil homme nous conduit devant sa propre tente. Une colère étrange lui secoue tout le corps : « Regardez! La toile cirée est posée à même le sol. Quand je me réveille, mes os me font atrocement souffrir, et le gouvernement se vante encore du succès des interventions! Mais c'est en pensant aux cinq membres de ma famille morts dans le tremblement de terre, que je suis vraiment désespéré... »

Laolu lui tend deux cents yuans. Le vieil homme est surpris par tant de générosité et nous fait signe de nous asseoir. Je ne peux plus me contenir. Je mitraille devant, derrière, à gauche, à droite. Les sinistrés viennent se masser autour de moi. Laolu répète qu'il faut débarrasser le plancher avant que l'homme au brassard vienne nous bloquer la sortie.

Je rejoins Damao qui arbore une mine radieuse et fière. Une chaîne de télévision prépare des interviews. Le poste de commandement a choisi deux, trois sinistrés suffisamment représentatifs et crédibles pour être filmés. Durant cet instant où fusaient des propos exaltants et prometteurs, Damao en a profité pour se prendre au jeu du caméraman officiel.

Nous rentrons à Mianyang à la nuit tombante. La voiture ralentit. Damao nous signale que nous entrons dans une zone contrôlée par l'armée. Je mets le nez à la fenêtre. Le flot des véhicules de secours et des camions militaires est en effet très dense. Ce qui est toutefois étrange, c'est que deux rangées de soldats casqués gardent l'entrée d'un lieu de loisirs.

Laolu, totalement insouciant, se rue vers la grande banderole rouge « Secourons les victimes du tremblement de terre et reconstruisons le pays natal » en beuglant : « Entrons, entrons ! » Le rideau de la nuit s'abaisse doucement. Une population frivole, privée de détente pendant un bon mois, se presse par à-coups et converge en venant de tous côtés, au point que nous avons failli ne pas trouver de place de parking. Après avoir bu suffisamment de thé, je me remplis le ventre. J'ai à peine avalé quelques bouchées qu'autour de la scène qui se dresse devant moi des projecteurs s'allument. Les boules et les colonnes de lumières multicolores, en se mélangeant, ont transformé des centaines de gens normaux en monstres baroques. Puis, vers minuit, durant le temps d'un éclair, tout plonge dans l'obscurité. Je retrouve la vue aussitôt : le poisson cuit à la vapeur, au centre de la table, passe maintenant du rouge au vert et du vert au rouge. Laolu me crie quelque chose, mais, dans le tintamarre ambiant, je n'entends plus rien.

Un célèbre animateur, habillé de façon criarde, grimpe sur la scène. Après quelques effets de cape, des grimaces et des gestes ouvertement obscènes, il s'est campé sous le grand slogan « D'un commun accord, luttons contre le tremblement de terre et secourons les sinistrés » et a annoncé : « Que commence le premier spectacle depuis le tremblement de terre du 12 mai ! La population de Mianyang l'attend depuis longtemps, et le voici ! En tout premier, le groupe des jeunes beautés Ouragan ! Applaudissez-les ! »

Puisque tout le monde frappe des mains, nous ne voyons pas d'inconvénients à en faire autant, car, comme l'a bien dit le président Mao, seul le peuple est le moteur de l'Histoire. En outre, ces jolies jeunes filles n'avaient pas à rougir d'être là. Leur visage, leurs seins, leurs fesses ou leurs cuisses étaient exhibés sans la moindre touche de vulgarité. Quant à leur façon de danser, je ne ferai aucun commentaire. Après une telle catastrophe, il fallait se montrer un peu compréhensif.

La deuxième partie du programme est consacrée à la chanson. En troisième partie, nous avons encore droit à de la chanson, mais pas de la chanson ordinaire. L'animateur annonce : « Lors de ce tremblement de terre sans précédent, tout le monde a eu vent d'un bon nombre d'événements incroyables. Mais il y a certaines choses, voire certaines personnes dont vous n'avez encore jamais entendu parler.

Tu crois que c'est une fille et c'est un garçon; tu penses que c'est un garçon, mais c'est une fille. Bizarre, bizarre! Un homme ou un mâle peut-il se changer en femme ou en femelle et inversement? La pierre peut-elle se transformer en œuf et vice versa? »

Les gens qui se trouvent sous la scène se lèvent et hurlent : « Un monstre! »

L'animateur applaudit : « Quelle perspicacité! Ce monsieur a gagné cinquante yuans. Le monstre a aussi pour nom le " showman travesti ", et comme c'est en Thaïlande qu'ils sont les plus nombreux, beaucoup de voyageurs pensent que la Thaïlande est le pays de naissance des monstres. En fait, nous n'avons pas les moyens de nous livrer à une critique approfondie. Les eunuques chinois sont-ils des monstres? Avez-vous déjà assisté à des spectacles où on les voit danser et chanter? Eh, je m'éloigne du sujet. À présent, je vous demande d'accueillir, dans un tonnerre d'applaudissements, un homme parmi les hommes, un monstre parmi les monstres, Maidi! »

Dans la salle, quelqu'un se met à meugler : « C'est des vrais ou du toc? J'aimerais bien lui toucher les seins! »

L'animateur rectifie : « Ça ne s'appelle pas des seins, ça s'appelle de l'art. Nous devons respecter l'art. »

Maidi commence à chanter. Ses gestes sont gracieux, mais sa voix est rocailleuse. Après une première chanson, l'animateur tente de chauffer le public : « C'est une chanson de Maidi écrite spécialement pour les sinistrés. C'est la première fois qu'il la chante en public. Elle vous plaît ? Chers compatriotes de la zone sinistrée, Maidi va redoubler d'effort pour vous ! Maidi sera éternellement à vos côtés ! »

Damao a pris quelques photos, puis nous avons retrouvé la nuit tranquille et nous nous sommes salués mutuellement à de nombreuses reprises. Je crois que tous ceux qui ont vécu ce tremblement de terre ont pris conscience de la fragilité humaine : on se voit aujourd'hui, et demain quelqu'un manquera à l'appel. Nous traversons la ville, empruntons l'autoroute, puis fonçons dans la direction de Chengdu.

L'ange suspendu la tête en bas

23 juin

Le ciel est dégagé.

Sur le Web, je tombe par hasard sur le titre « Entré au paradis la tête en bas », un reportage concernant Liu Xiaobo, une des victimes du séisme. C'est épouvantable.

Lorsque la terre a tremblé, l'étudiant Liu Xiaobo faisait un stage dans l'hôpital de Beichuan, son avenir s'annonçait radieux. Alors qu'il tentait d'échapper à ce cataclysme, ses deux jambes ont été écrasées par un énorme rocher. En un instant, il s'est retrouvé suspendu dans le vide, la tête en bas, au-dessus d'un égout glauque de la vieille ville.

Les journalistes l'ont découvert le 14 mai, vers dix-huit heures. Le rocher qui lui coinçait les jambes était plus gros qu'une voiture. Son corps pendouillait comme un morceau de viande. Liu Xiaobo hurlait : « J'ai envie de vivre, venez me sauver ! » Les journalistes ne pouvaient pas l'aider, cependant ils avaient quand même réussi à récupérer deux bouteilles au milieu des ruines du supermarché. Liu Xiaobo s'en était emparé et avait pu enfin se désaltérer. Un journaliste était ensuite allé chercher quelqu'un du côté de la police militaire et des pompiers. Un officier était venu près de la grosse pierre et avait secoué la tête. « Elle pèse au moins six tonnes. On ne peut rien faire pour l'instant. Les grosses machines ne sont toujours pas arrivées en ville. »

De plus, la rumeur courait que les digues du barrage allaient céder en amont. Le personnel de secours avait reçu l'ordre d'évacuer les lieux. Le 16 mai, les grandes manœuvres étaient terminées, mais le barrage n'avait toujours pas cédé. Les journalistes étaient déjà retournés en ville, espérant voir Liu Xiaobo vivant, accroché la tête en bas ou simplement tiré d'affaire. Mais ils se sont aperçus que la grosse pierre avait été déplacée et qu'on avait refait la route. Dans le tas de cailloux jetés pêle-mêle derrière le rocher se dressait un bras.

Ce Liu Xiaobo qui venait de perdre la vie était plus jeune de trente ans que mon ami, le célèbre contre-révolutionnaire du même nom. Il n'était pas marié et n'avait même pas eu de petite amie. Mais les journalistes ont affirmé qu'il entrerait au paradis la tête en bas.

25 juin

Le temps est clair mais nuageux, voire lourd.

L'après-midi, je me rends dans les environs de Xinnanmen pour rencontrer mes amis Hu et Li qui avaient quitté le Sichuan pour vivre à Pékin. Ils étaient revenus s'enrôler comme bénévoles. Depuis quelques années, ils pratiquent avec ferveur la religion catholique.

Laowei : À ce qu'on raconte, vous avez organisé à Beichuan une cérémonie commémorant le séisme du 12 mai ?

Hu : Nous n'avons pas pu. Le 12 juin, à une heure du matin, nous avons soudain été encerclés. Des dizaines de policiers, armés jusqu'aux dents, ont fait irruption dans notre tente, et, sans poser de questions, nous ont tous arrêtés. Vingt-quatre bénévoles ! C'était effrayant. La lumière des lampes torches balayait dans toutes les directions. Ils ont pointé leurs fusils d'assaut sur nos tempes. J'étais plongé dans un sommeil profond, j'allais commencer un rêve quand j'ai senti sur mon front le canon glacial d'une arme à feu. J'ai gueulé comme un veau. Nous nous sommes habillés en vitesse. Nous étions paniqués. Certains avaient mis leur pantalon à l'envers. Finalement, nous avons été balancés dans un fourgon de police pour être emmenés dans un commissariat du district de An. Nous avons été interrogés toute la nuit.

Laowei : Pourquoi vous ont-ils fait ça ? Vous aviez commis des déprédations ?

Hu : Des milliers et des milliers de secouristes volontaires, des artistes, des étudiants, des travailleurs migrants, des chefs d'entreprise, des militaires en retraite, des intellectuels, des citadins, des cols blancs et, naturellement, des catholiques comme nous sont venus spontanément dans les zones sinistrées pour apporter leur contribution, par pure conviction. Ce n'était ni en réponse à l'appel du Parti ni à celui du gouvernement. Il n'y avait pas non plus de slogans creux du style : « Le peuple chinois est soudé comme un seul homme pour faire face à la crise. » Nous aidions à chercher les disparus, à secourir les blessés, à extraire les morts, à dresser les tentes, à distribuer les médicaments, à réconforter les familles, etc. Personne ne trouvait à y redire. Nous étions voisins des tentes du centre de contrôle sanitaire de la police spéciale de la province du Guizhou et nous avions, comme eux, installé notre camp de base sur le terrain d'exercices de l'école secondaire numéro un de Beichuan. Nous étions plutôt en bons termes avec eux.

Laowei : Soudain, ça a tourné à l'aigre ?

Hu : L'établissement comprenait un lycée et un collège. Il y avait trente classes, soit à peu près 3 000 élèves. Ce tremblement de terre en a au moins tué 1 500. D'après les estimations, il y avait encore plus de 400 corps qui n'avaient pas été sortis de sous les décombres. Les parents qui n'avaient pas pu revoir leur enfant ni parmi les survivants ni parmi les cadavres nous avaient dit, quelques jours auparavant, qu'il fallait se rassembler devant les bâtiments scolaires écroulés pour brûler de l'encens et de l'argent-papier[1], implorer les dieux et organiser une cérémonie en hommage à leur propre enfant. Tout cela était bien compréhensible. Nous avons immédiatement accepté de nous occuper du maintien de l'ordre et de les aider à mettre en place cette « commémoration ». Ensuite, nous avons envoyé un compte-rendu de la situation aux responsables de l'école et au chef du district de Beichuan, et obtenu leur accord oral. Je ne pensais pas que la police locale s'affolerait pour si peu. Elle se vantait d'avoir « intercepté des renseignements secrets, empêché avec succès une réunion illégale et désamorcé une situation explosive »...

Laowei : Ensuite vous avez été accusés de « tentative de subversion de l'État ».

Hu : Exact. Ils nous ont pris pour des ennemis dangereux. Un bon nombre de bénévoles

---

1. Il s'agit d'une cérémonie traditionnelle d'hommage aux défunts qui consiste à brûler des billets factices pour assurer leur bien-être dans l'au-delà.

ont été passés à tabac par la police. La stèle commémorative que nous avions érigée en hommage aux victimes a été saccagée. Un parent d'élève qui voulait en récupérer un morceau a été salement amoché.

Laowei : Peut-être croyaient-ils que, parce qu'ils avaient fait valoir leur talent pendant les opérations de sauvetage, tout leur était permis ?

Hu : De quel talent tu parles ? Dieu avait poussé une grosse gueulante, qui pouvait encore oser la ramener ? Les anciens bâtiments de l'école avaient été restaurés il y a dix ans à peine et, en un clin d'œil, ils sont tombés en poussière. Le quatrième étage s'est affalé sur le troisième et le troisième sur le deuxième ; ils se sont tous emboîtés les uns dans les autres. Et, dans tout ce gâchis, il n'y a presque pas eu de survivants. Quant aux nouveaux bâtiments, les deuxième, troisième et quatrième étages, eux, n'ont subi aucun dommage alors que les piliers porteurs des étages inférieurs ont tous rompu, ce qui fait que, là encore, le deuxième étage s'est encastré dans le premier, tandis que les étages du dessous se sont retrouvés enfouis sous terre. Seules quelques poutrelles tenaient tant bien que mal. Du coup, entre le plancher et le plafond des classes en étage, il restait un espace d'environ cinquante à soixante centimètres. En résumé, la majorité des enfants qui étaient au deuxième, troisième ou quatrième étage a échappé à la mort alors que la plupart de ceux qui se trouvaient en dessous ont presque tous péri. Un bon nombre de parents d'élève accusaient les autorités en sanglotant, disant que, le 13 et le 14 mai, on entendait encore des appels à l'aide venant de sous les ruines. Ils étaient hors d'eux et sautaient comme des carpes dans une poêle à frire, mais il n'y avait ni grue ni pelleteuse en vue. Ils ont été demander de l'aide à la police armée qui gardait les lieux. Il leur a été répondu qu'elle n'avait pas reçu l'ordre d'intervenir. Sur ce, les parents sont allés trouver les supérieurs de la police armée, qui étaient en pleine réunion. De midi à neuf heures du soir, rien n'avait bougé. Le 15 au matin, les appels au secours se faisaient moins véhéments. Les parents, morts d'angoisse, sont allés chercher des experts taïwanais, qui se sont servis de leurs sondes pour attester que, sous les ruines, il y avait encore des gens en vie! Ils sont alors retournés voir la police armée qui leur a de nouveau répondu que les grosses machines de secours n'étaient pas encore là et qu'ils ne pouvaient prendre aucune initiative. Voyant que ces requêtes désespérées restaient sans effet, un des parents s'est aventuré le long d'une des rambardes qui bordait les salles de classe. Il s'est aperçu que l'espace entre les étages était relativement grand. Un gros comme lui aurait pu y ramper sur une dizaine de mètres. Il a donc pensé que des enfants auraient pu sans trop de problèmes s'y blottir un ou deux jours. C'est alors qu'il a découvert, sur le côté droit de la salle de classe, deux petits cadavres d'enfant. Il n'arrêtait pas de chialer ! Il braillait que la vie était trop injuste ! Mais ça ne servait plus à rien. Dieu seul sait combien d'enfants ont ainsi été condamnés à mort à cause du temps perdu !

Laowei : Et ensuite ?

Hu : Le 17 dans la matinée, l'équipe de sauveteurs japonais est arrivée. Ils n'avaient pas non plus de « gros matériel de secours ». Ils ont fait deux fois le tour du bâtiment, ont cogné un peu pour se rendre compte clairement de la situation et, après avoir saisi de quoi il retournait, ils ont creusé directement un trou. Ils ont réussi à faire communiquer le deuxième étage avec le premier étage, puis le premier avec le rez-de-chaussée. Ensuite, ils se sont attachés les uns aux autres, et ont fouillé tous les recoins : plus aucun enfant n'était en vie.

Laowei : D'après les reportages de la télévision centrale, les opérations de secours effectuées par les troupes de la police armée ont malgré tout eu lieu dans les temps.

Hu : Ce qu'on peut dire, c'est que le compte-rendu du gouvernement local de Beichuan était à l'heure, lui. D'après nos informations, le tremblement de terre avait à peine commencé depuis quelques heures que le district avait déjà envoyé des hommes à Mianyang pour donner l'alerte ; mais notre mandarin local, Tan Li, a craint de mettre en péril sa carrière de cadre et a opté pour la stratégie classique du fonctionnaire chinois : minimiser les choses graves et se débarrasser des broutilles. Le lendemain, à dix heures du soir passées, quatre cents secouristes qui appartenaient à une troupe d'éclaireurs de l'armée étaient enfin sur place. Mais, face à cette scène de désolation et sans le moindre outil, ils se sont sentis totalement désemparés.

C'est le 13 et le 14 mai que la police armée et les pompiers de Chengdu et de Chongqing ont montré leur nez dans la région. Ils se sont d'abord occupés des bâtiments gouvernementaux et des banques. Les grandes opérations de sauvetage des citoyens ordinaires ont été maintes fois reportées, ajournées, retardées...

Laowei : Ces jours-là, je regardais les nouvelles en boucle diffusées par la télévision gouvernementale. On avait l'impression que l'armée mouillait sa chemise. Un bon nombre de soldats creusaient avec leurs doigts, jusqu'au sang.

Hu : Je ne nie pas que l'armée ait fait des efforts, mais ce n'était pas efficace. Certaines scènes de sauvetage ressemblaient presque à une série télé. Les journalistes se servaient de leurs micros pour tirer sur la corde sensible du public. Ils organisaient les foules comme s'il s'agissait d'acteurs, mais malheureusement, pendant qu'ils faisaient leur cirque, beaucoup de temps a été perdu, beaucoup de vies ont été sacrifiées.

Dieu me protège, mais pendant que les cataclysmes se déchaînent, les criminels tirent les marrons du feu ! Le 2 juin, nous, les bénévoles, sommes allés dans les dortoirs qui tenaient encore debout. Nous nous sommes aperçus que les portes avaient été défoncées à coups de pied. Les salles avaient été passées au peigne fin et il ne restait plus le moindre objet ayant un tant soit peu de valeur...

De retour du crématorium

27 juin

Il fait beau.

À l'approche de midi, je tombe sur un certain Lei qui trimbale un appareil photo dernier cri. Il me raconte qu'hier il est retourné à Beichuan en voiture pour prendre d'autres photos. J'ai trouvé ça bizarre : la ville n'était-elle pas bouclée ? Comment avait-il pu y entrer ? Lei me dit qu'il avait une carte de journaliste et un laissez-passer spécial délivré par les autorités de Mianyang. Il insiste sur le fait que les journalistes venus d'autres provinces, mais aussi les médias de Chengdu et de la province du Sichuan, ne savent pas s'y prendre. Mon copain Laolu lui rétorque : « Tu te paies ma tête ? La dernière fois, quand tu es entré dans le crématorium pour prendre des photos, on t'a bien alpagué, non ? Dis-nous ce qui s'est passé ? Veux-tu faire une interview ? » Lei fait non de la tête, mais je sors tout de même mon magnétophone, le posant négligemment sur la table.

Laowei : Il y a un livre dont le titre est *Parle, mémoire*.

Lei : Dès que quelqu'un meurt, il ne dit plus rien et n'a plus de mémoire... Durant les premiers jours du tremblement de terre, j'étais terriblement occupé. Dans le périmètre administré par la préfecture de Beichuan, il y avait eu au moins cinquante mille morts. Il y avait des corps entiers, mais aussi des moitiés de cadavres, mutilés, des mains et des pieds éparpillés, des crânes défoncés... Horrible! Je n'ai pas pu continuer à photographier. Ça ressemblait à un supermarché de la mort, débordant de marchandises. À ce moment-là, la rumeur circulait que tous les crématoriums de Mianyang affichaient complet. Pour m'en assurer, j'ai d'abord téléphoné à un ami qui travaille dans le milieu. Je voulais qu'il m'accompagne aux pompes funèbres de Mianyang. Mais, manque de chance, le Premier ministre Wen Jiabao était de passage à Mianyang et mon ami devait assurer la protection du chemin de fer. Il ne pouvait s'esquiver.

Laowei : Qu'entends-tu par « dans le milieu »? La mafia ou la police? Les services secrets ou l'armée?

Lei : La voie royale. La totale.

Laowei : On t'a donc laissé entrer par la petite porte du crématorium. Ça valait le coup?

Lei : Nous étions dans une période exceptionnelle. Donc, j'ai fait cavalier seul, essayant de m'en tirer en bluffant, mais un garde m'a barré le chemin pour me demander d'où je venais et ce que je faisais ici. J'ai répondu que j'étais membre de l'association d'art et de littérature, et que je venais reconnaître les dépouilles des victimes. Il n'a pas su quoi me répondre. J'ai profité de sa surprise pour entrer au cœur du crématorium. J'y ai trouvé des monceaux de cadavres rangés le long du mur comme du bois de chauffage. Deux fours étaient en train d'ingurgiter les corps. Les ventilateurs aboyaient comme des molosses. J'ai sorti mon appareil photo pour faire quelques clichés; ma sale manie de perfectionniste m'a repris. Mon corps était brûlant et je claquais des dents. Avec le grand-angle, je ne pouvais toujours pas avoir la scène en entier. J'ai donc changé de focale. J'étais en train de m'activer, quand des policiers en civil se sont pointés, m'attrapant par les bras et me demandant la raison de ma présence ici. J'ai répondu sans réfléchir que je prenais des photos d'archives. Ils ont voulu savoir pour quelle unité de travail je travaillais. J'ai indiqué que c'était pour la mienne. Ils m'ont encore questionné sur l'endroit dont j'étais ainsi le grand manitou. J'ai expliqué que j'étais un écrivain de l'association d'art et de littérature. « Montrez-nous vos papiers! » a gueulé le chef des policiers. J'ai sursauté, puis j'ai commencé à fouiller partout dans mes poches. J'ai tout sorti : ma carte de membre de l'association des écrivains de Chine, la carte de travail de mon unité, ma carte d'envoyé spécial, ma carte d'interviewer et même mon certificat de célébrité culturelle, mon certificat de récompense, etc.

Laowei : Tu transportes toujours autant de trucs sur toi ? Tu es vraiment devenu un « monsieur estampillé ».

Lei : C'est pour me protéger de tout incident imprévu.

Laowei : Dans une rue de Dali, au Yunnan, j'ai rencontré un dingue qui avait dans ses poches toute sorte de papiers : carte de soldat, carte de démobilisation, certificat de travail, pass, carte d'identité, carte de comédien, carnet de résident, carte de formation, preuve de paiement de l'impôt, patente pour étal au marché. Il était comme toi, il les a tous sortis pour que nous y jetions un œil.

Lei : Je suis dingue ? Toi aussi, tu es dingue. Si tu ne transportes pas ce qu'il faut de papiers et que tu te fais cogner, c'est tant pis pour toi.

Laowei : Bien, bien. Continue.

Lei : Ils m'ont confisqué mes papiers et m'ont ordonné de ne pas bouger. Ensuite, ils ont téléphoné pour demander des instructions, puis ils m'ont obligé à les suivre. En sortant, je me suis retrouvé face à un type qui avait vaguement l'allure d'un officiel gouvernemental. Après avoir vérifié mon identité, il a fini par me dire qu'il y avait un problème. Lequel, ai-je protesté. Il m'a répondu que les formulaires d'interview devaient être signés par le département de la propagande du comité municipal. J'ai demandé alors si on pouvait remédier à ce détail. Il m'a dit que j'avais déjà enfreint la loi mais que, comme je n'étais qu'un simple écrivain, il ne m'appliquerait qu'une peine légère en effaçant les photos devant moi. Putain, ceux qui savent quand ils ont perdu s'en sortent toujours! Je lui ai donc fait *illico* mes plus plates excuses, me forçant à sourire pour essayer de l'attendrir. Sans résultat. Quelques individus se sont emparés de mon appareil photo, mais je me défendais comme un beau diable en criant que je n'avais pris aucun cliché.

Ils ont alors réglé l'affaire administrativement : ils m'ont livré à deux policiers qui m'ont amené en voiture au commissariat de Xiaoxiba où l'on m'a cuisiné pendant des heures. Le chef adjoint du commissariat m'a expliqué : « Quand on vous amène ici, c'est que votre histoire prend une autre dimension. Nous sommes chargés de faire la lumière sur votre cas. Pourquoi allez-vous dans ce genre d'endroit faire des photos? C'est pour les vendre à des médias étrangers? Ou alors pour les publier sur le Net pour faire de la contre-propagande, déformer la réalité et dénigrer les opérations de secours? » Je lui ai rétorqué : « Votre conscience révolutionnaire est trop aiguisée! Mais, OK! Allez-y, enquêtez, j'attends. »

Laowei : Pendant des dizaines d'années, tu t'es tiré de tous les traquenards à Mianyang, et là, ils ont réussi à te faire plonger?

Lei : Tu rigoles. J'ai passé quelques coups de fil et, tout de suite après, Laolu est venu me chercher en voiture. Un vice-ministre, qui, autrefois, écrivait des poèmes, a apporté sa caution. En sortant, je jurais encore : « J'en ai ras le cul de toute cette hypocrisie ! Il y a des macchabées plein les rues, mais il ne faut surtout pas que ça se sache ! »

Laowei : Tu as pu conserver tes photos ?

Lei : Oui.

Laowei : Montre-les-moi.

Lei : Tu es un réactionnaire bien connu. Dès que l'occasion se présentera, tu les mettras en ligne.

Laowei : Pas du tout. Je veux juste y jeter un œil.

Lei : Les images de cette tragédie ne manquent pas sur le Net, pourquoi vouloir absolument regarder les miennes ?

Laowei : Il paraît que tu as fait un sacré ramdam au commissariat et qu'on a presque cassé ton appareil photo.

Lei : Qui ose dire ça ? Je... je...

Laowei : Ne t'excite pas. Bon. Changeons de sujet.

Le barrage de Zipingpu, responsable du tremblement de terre?

8 juillet

Le temps est clair.

À neuf heures et demie du matin, Kun Peng, mon grand frère Damao et moi nous sommes retrouvés à la gare routière de Dujiangyan. Assis dans une Santana hors d'âge conduite par Kun Peng, nous passons près du temple Erwang, gravement endommagé, en direction de Wenchuan. Peu de temps après, nous arrivons au barrage de Zipingpu, devenu célèbre après les premières secousses. Au loin, des soldats agitent de petits fanions rouges. Nous devons ralentir et nous garer à une centaine de mètres des éboulis qui bloquent la route. Du barrage qui enjambe les montagnes, nous avons une vue panoramique. Le niveau de l'eau, comme j'ai pu le lire sur le Net, se situe à peu près au tiers de la hauteur du barrage. Les fonctions d'irrigation, de production électrique et d'accumulation d'eau ont été momentanément stoppées.

Kun Peng rêve tout haut : « L'idéal, ça aurait été de transformer cette tranquille étendue d'eau en un lieu de divertissement : pêche, yachting, restaurants, maisons closes flottantes, etc. »

Damao raconte : « Avant le tremblement de terre, beaucoup de gens venaient se détendre dans le coin. Il paraît que cinq ou six pêcheurs du dimanche ont été projetés dans l'eau par les secousses et, jusqu'à présent, les corps n'ont toujours pas été repêchés. »

Je poursuis : « J'imagine qu'ils ont été pris dans une faille. Regardez autour de nous, la chaîne de montagnes semble avoir été découpée par une hache sans maître. Elle est couverte d'innombrables cicatrices. On a l'impression que quelques pichenettes de plus suffiraient pour en faire tomber la moitié. Qui aurait le courage de revenir ici prendre du bon temps ? »

Kun Peng suggère d'aller jeter un œil sur les fissures au sommet du barrage. D'après les photos vues sur le Net, elles font trente centimètres de large. Damao est partant et sort de la voiture son trépied professionnel. Je tente de l'en dissuader en lui montrant le panneau sur lequel sont écrits en caractères rouges et blancs : « Zone sous contrôle militaire, accès interdit au public. Prière de montrer votre laissez-passer ».

Je me suis renseigné plus tard auprès d'un ingénieur chargé de la prévention des inondations. Les murs de son bureau étaient couverts de cartes montrant les creux et les bosses du relief, et les risques courus par les régions susceptibles d'être submergées. Je lui demande si les risques sismiques avaient été pris en compte. Il me dit qu'il n'a pas eu le temps d'y réfléchir. « Tu penses, je passe la moitié de mes nuits à essayer de réparer les fuites au plafond de mon appartement ! Alors tes questions à la noix !

— Noix toi-même...

— Quand j'aurai un peu de temps, on colmatera les brèches dans le barrage, t'inquiète. Je te garantis qu'elles tiendront bien trois, quatre ans.

— Et dans trois ans ?

— Peut-être qu'elles tiendront toujours. Peut-être ! Ha ! Ha ! Les matériaux vieillissent. Les gens vieillissent aussi, alors, les réparations, tu parles ! »

Quel a été le rôle du barrage dans la violence de ce séisme ? De célèbres scientifiques comme Wang Weiluo ont prouvé qu'une aussi importante retenue d'eau à proximité de la faille courant de Beichuan à Wenchuan pouvait bien avoir accentué l'impact des secousses...

Un escroc brave le contrôle

8 juillet

Le ciel est dégagé.

Nous continuons à avancer. Les collines, jadis verdoyantes, sont totalement dévastées, en particulier autour du barrage de Zipingpu. Chaque montagne, chaque pouce de terre semble avoir été labouré. Kun Peng lâche dans un soupir : « Les digues ont tenu. C'est un miracle, une véritable bénédiction. »

Le chemin en terre est semé de nids-de-poule et nous conduit dans une véritable scène de guerre. Nous devons slalomer en permanence entre les nombreux « trous d'obus ». En roulant sur un pont provisoire, le châssis de la voiture se met à grincer de manière effrayante. Kun Peng serre les dents. Je baisse alors la vitre et passe la tête pour voir ce qui se passe. Malheureusement, devant comme derrière, il y a d'épais nuages de poussière. Nous sommes pris en sandwich entre deux files d'engins de chantier destinés aux secours.

Au-dessus de cette couche de poussière, le soleil plonge dans une vaste brume sanglante. Nous bouffons de la terre à force de suivre ces gros véhicules et, en à peine dix minutes, nous avons tous une mine de déterré. Nous longeons des campements militaires, mais nous ne rencontrons plus aucun civil. Je me dis : « Ils ont tous levé l'ancre? Qui vais-je bien pouvoir interviewer? »

Je commence à piquer du nez, à rêver de souris à tête humaine, les pattes arrière solidement clouées sur un versant abrupt. Comment vont-elles s'en sortir ensuite? Elles vont sûrement se ronger les jambes et détaler. En plein délire, je suis réveillé par une voix qui grogne de rage : « Stoppez la voiture, contrôle! » Nous garons alors la voiture dans un carrefour en patte-d'oie. À droite, c'est le pont pour aller à Yingxiu, tout droit, c'est la zone de développement touristique de Sanjiang. Damao descend de voiture en vitesse en tendant sa carte de journaliste-caméraman et s'explique pendant un bon moment. Les gars de la police spéciale de la préfecture d'Aba qui nous bloquent la route ne veulent pas transiger, en particulier un petit noiraud qui passe son temps à tapoter son fusil d'assaut. À voir comme ils nous malmènent, ils doivent nous prendre pour des espions envoyés par Taïwan.

Kun Peng descend à son tour. Le soleil est brûlant. Il retrousse les pans de sa chemise. On lui voit la moitié du ventre. Il scrute l'horizon dans la direction du pont. Il n'en fallait pas plus pour que la conscience de classes du noiraud passe au niveau d'alerte. Le fusil d'assaut est presque braqué sur nos tempes : « Je vous ordonne de retourner d'où vous venez! Sauf si vous avez un laissez-passer spécial! »

Kun Peng montre la longue file de camions qui roulent à vive allure et demande pourquoi ils ne vérifient pas leurs papiers à eux.

Le fusil-mitrailleur répond : « Ce sont des véhicules de secours immatriculés à Aba. »

Pantois, Kun Peng prie Damao de remonter dans la voiture qui se met à ronronner, recule de quelques mètres, puis prend la direction de Sanjiang. La voiture a à peine fait une centaine de mètres quand l'homme au fusil nous rattrape. « Vous avez compris ce qu'on vous dit? Retournez par où vous êtes venus!

— Mais si nous profitons de l'occasion pour faire du tourisme, c'est interdit aussi?

— Cette zone a été gravement touchée par le séisme, il est défendu d'y faire du tourisme.

— Sanjiang et Yingxiu sont dans des directions opposées.

— Retournez d'où vous venez, vous dis-je. »

Quand un lettré et un soldat se rencontrent, le dialogue est impossible. Nous devons faire demi-tour. Après s'être éloigné, Kun Peng murmure : « Je me demande s'il serait arrivé à nous tirer dessus avec ce vieux fusil d'il y a vingt ans. On aurait dit un jouet ! »

De retour à Dujiangyan, les idées foireuses de Kun Peng refont surface. D'abord, il se renseigne un bon moment auprès d'une vieille connaissance à lui. Ensuite, il marche d'un pas pressé vers le dépôt des minibus et se met à gueuler : « J'ai du boulot pour vous ! » Une bande de types, aux bras nus, répond immédiatement : « Présents ! » Après avoir négocié, nous payons finalement 120 yuans pour louer un minibus immatriculé à Aba. Le chauffeur raconte d'une voix de stentor : « Je suis allé plusieurs fois à Wenchuan et je suis devenu copain avec le poste de contrôle. Si, moi, je ne passe pas, alors Wen Jiabao non plus. »

Cela nous redonne du courage. Après avoir avalé chacun une crème glacée et une fois la fatigue passée, nous retournons en direction de l'épicentre. Damao a mis des lunettes de soleil et porte son appareil photo sur l'épaule. Assis à l'arrière, je lui lance en rigolant : « À voir ton volume et ta prestance, on croirait un inspecteur provincial. » Damao réfute : « Tu penses qu'un officiel de ce rang-là s'assiérait dans une caisse pourrie qui grince de toutes parts ? » Je lui réplique : « C'est le résultat de la politique sociale du Premier ministre Wen Jiabao. Plus la voiture est délabrée, plus le rang du cadre est élevé. »

Après ces quelques boutades, nous arrivons de nouveau au carrefour en patte-d'oie et entendons une fois de plus un hurlement familier : « Stop, contrôle ! » On ne peut jamais échapper à son ennemi. L'homme au fusil d'assaut nous menace. Il nous a reconnus au premier coup d'œil. Le chauffeur devient livide. Kun Peng le presse : « Allez, camarade ! Va vite faire jouer tes relations ! Tu ne nous as pas dit tout à l'heure que, si tu ne passais pas, Wen Jiabao non plus ? » Le chauffeur hésite un peu. « Comment pouvais-je savoir que vous aviez été refoulés et qu'à présent vous êtes dans le collimateur de la police spéciale ? »

Voyant la situation s'envenimer, Damao passe la tête par la portière et hausse la voix pour impressionner le soldat : « Soyez raisonnable, on n'agite pas son fusil comme ça dans tous les sens. Si un coup partait ? » L'homme rétorque : « Vous avez déjà pensé vous en tirer en vous foutant de ma gueule, qu'est-ce que ça veut dire ? » Damao lui répond : « On s'inquiète pour les zones sinistrées. Vous, soldat de l'APL[1], vous ne pouvez pas vous contenter de bloquer le chemin sans raison. » Il réplique : « Je n'ai aucune explication à vous donner ! Je n'aime pas votre façon de faire. » Damao explique : « Je suis reporter. Je suis entré plusieurs fois dans Wenchuan. Quand bien même j'aurais une tête qui ne vous revient pas, vous ne pouvez rien contre moi. »

La chaleur est intenable et tout le monde s'énerve. Alors que la situation devient inextricable, une Jeep de l'armée pile juste à nos pieds. En descend un officier qui s'informe de la situation. Le garçon au fusil d'assaut est plein de fougue mais Damao ne manque pas de bagou. L'officier tente de calmer les esprits. « Veuillez nous excuser, nous sommes en mission officielle, nous devons d'abord vérifier les laissez-passer exceptionnels du poste de commandement du tremblement de terre de Wenchuan. Cela concerne votre propre sécurité. Dans cette zone, il y a des cadavres partout et les épidémies prolifèrent rapidement. »

Qu'on use de douceur ou de fermeté, il est impossible de communiquer. Nous lui demandons l'adresse exacte du poste de commandement. Encore une fois, nous rebroussons chemin sur quelques kilomètres, puis nous garons la voiture près d'un cirque de montagne

1. Armée populaire de libération.

au pied d'un panneau en bois. Le chauffeur se met à râler : « Vous en faites des histoires ! Après, ils se vengeront sur moi, et moi je ferai comment ? »

En suivant la flèche qui se trouve sur le panneau, nous marchons sur une pente argileuse, pour, au bout du compte, tomber sur un ensemble de bâtiments à trois étages et quelques alignements de tentes de survie. Damao s'introduit par l'entrée principale d'un des immeubles. Au premier étage, il tombe sur Yang, le chef de section du bureau du poste de commandement. En tatanes, vêtu d'un bermuda et d'un débardeur, les cheveux en bataille, il nous rappelle les années 1970 lorsque les citadins déportés à la campagne avaient cette dégaine pitoyable. Damao agite sa carte de journaliste et lui adresse la parole d'un ton légèrement condescendant. En bon opportuniste, le chef de section nous invite à entrer dans son bureau. Il nous explique que le poste de commandement a été transféré. « À Dujiangyan comme à Wenchuan, chacun prend les décisions qu'il veut. Je ne suis chef de section que de nom, et, en vérité je ne peux régler aucun problème. »

Finalement, je vois Damao s'approcher d'une pancarte accrochée au mur, noter le numéro de téléphone d'un gradé et, sans hésitation, prendre son portable pour lui passer un coup de fil! À l'issue d'une courte discussion au cours de laquelle Damao lui chante quelques sérénades sur son exceptionnel dévouement, son courage, etc., le gradé donne l'ordre de nous délivrer le fameux laissez-passer. Je n'aurais jamais cru que mon frère était un si bon acteur!

Passé le pont, la route est totalement défigurée, comme dans un mauvais rêve. Des talus ont poussé en haut, en bas, à droite, à gauche. Kun Peng souligne : « Nous devons dire un grand merci au porteur du fusil d'assaut de ne pas nous avoir laissé entrer la première fois, sinon notre voiture délabrée serait sûrement tombée en morceaux. » Des vagues de poussière déferlent; des coulées de boue ruissellent en un torrent pressé. Plus on avance, plus le secteur de Yingxiu et ses montagnes hautes et escarpées ressemblent à un soldat mourant, couvert de bandages de la tête aux pieds. Le soleil gémit entre les failles, comme une pierre brûlante qui aurait été jetée en l'air pendant le séisme. Je cherche toujours âme qui vive, mais sans grand succès. Nous avons été bringuebalés pendant une ou deux heures, et, à part les campements et les soldats, je ne vois personne.

Cerné par les montagnes et serpentant sur plusieurs kilomètres dans une vallée aux torrents déchaînés, le bourg de Yingxiu était un endroit autrefois paisible, mais, après des années d'activités fondrières et d'exploitation minière, il a été totalement ravagé. D'une certaine manière, le tremblement de terre est une sorte de vengeance naturelle contre les hommes qui saccagent inconsidérément la nature. D'après le témoignage des trois membres de la police armée qui circulaient en voiture banalisée, ceux-ci avaient vu, de leurs yeux vu, que le ventre de la montagne ainsi que celui du lit de la rivière avaient été comme découpés par un scalpel invisible. Des déchets, blancs, noirs et rouge foncé, étaient remontés des profondeurs, s'étaient déversés sur les berges, puis avaient été emportés par une coulée de boue vers le cours inférieur. « Quand les gens s'approchent de certains déchets, ils ont les yeux qui pleurent, et leur visage et leur cou les font souffrir. Ces saletés sont peut-être radioactives. »

Kun Peng demande au policier s'il y a vraiment eu des fuites de déchets radioactifs. Ce dernier répond que non, sinon il ne serait jamais entré dans la zone. Mais le gouvernement ne peut démentir et se discréditer de plus en plus. Kun Peng interroge le fonctionnaire sur le nombre réel de morts dans les kilomètres carrés environnants. Le policier lui rétorque : « Personne n'a eu le temps de les compter. Nous venons d'arriver, putain de merde, et nous traînons des corps jour et nuit, pour les jeter dans la fosse près de la rivière. Nous avons les épaules engourdies, déboîtées. Les chiffres ne veulent rien dire. Cinq cents ou cinquante, c'est la même chose. Les journaux et les chaînes de télévision ont annoncé qu'il y en avait eu quelques milliers, donc, tu peux doubler ou tripler le chiffre annoncé pour avoir le total exact. Dans les pays socialistes, c'est l'apparence qui compte ; en privé, on dit ce qu'on veut, sans langue de bois. »

J'ai remercié le policier avec compassion. Les pauvres gars ! Les organes de la dictature les avaient renvoyés, sans la moindre préparation, des feux de la rampe où ils pouvaient jouer les sauveurs de la nation devant les télévisions au fin fond de l'horreur, dans une boue jonchée de cadavres.

Un optimiste sur un tas de cadavres

8 juillet

Le soleil s'incline progressivement vers l'ouest. Nous passons par d'innombrables barrages routiers, puis nous entrons dans Yingxiu qui semble n'avoir pas bougé depuis ce sinistre 12 mai. On raconte que c'est à Beichuan, de l'autre côté de la montagne voisine, que les pertes ont été les plus dramatiques.

À l'exception des tentes de survie, il n'y a plus aucun bâtiment en état. Les gravats n'ont pas encore été déblayés et certaines ruines n'ont même pas été touchées. Nous marchons le long de la rive. Nous croisons deux groupes de soldats et d'officiers de décontamination portant sur leur dos des appareils de désinfection. Damao se perd en faisant un détour. Kun Peng et moi passons le pont suspendu. Arrivés de l'autre côté, encore un peu chancelants, nous sommes étourdis par la puanteur des corps. Alors qu'il est en train d'éternuer, Kun Peng se met à paniquer : il est convaincu que les vapeurs qui s'échappent des morts ont coulé dans son intestin. Je serre les poings pour me redonner du courage. On ne peut tout de même pas déguerpir si vite. Aussi, nous contournons la fosse creusée par les pelleteuses en nous bouchant le nez. De chaque côté, les décombres s'accumulent, dans une atmosphère lugubre. Je prends quelques clichés. Je me retourne d'un coup et je vois un nuage de fumée à forme humaine et changeante, qui s'élève du sol, très vite, et tourbillonne au-dessus de nos têtes.

Alors que je me recueille les yeux fermés, une vieille femme portant sur son dos une corbeille se présente devant moi. J'en profite pour entamer la conversation. Elle m'apprend qu'à cet endroit se trouvait le dortoir d'une fabrique de médicaments et que le tremblement de terre a enseveli plus de quatre cents personnes dont quelques dizaines seulement ont pu être secourues. Kun Peng demande : « Les vivants, on ne les voit plus, les morts, on n'en voit pas les corps, et les familles, qu'est-ce qu'elles en disent ? » Dans un long soupir, la vieille femme me répond qu'il est préférable de ne pas exhumer les corps, que ça évite d'être traumatisé. Les conscrits désinfectent quotidiennement ; ils pulvérisent des solvants plusieurs fois par jour. Je pense que même les bris d'os ont été dissous maintenant. L'odeur est prenante. Je parie que les moustiques, les mouches, les cafards, les rats sont tous morts empoisonnés.

Alors que nous sommes sur le chemin du retour, le ciel commence à s'assombrir. À l'arrivée à Chengdu, il fait déjà nuit noire. Dans l'appartement de Wenjiang, il n'y a plus d'eau chaude. Comme je le faisais quand j'étais en prison, il y a de ça quelques années, j'ouvre à fond le robinet d'eau froide pour me nettoyer à grande eau. Je me suis lavé quatre ou cinq fois avec du savon, et, malgré tout, je trouve que mon corps empeste toujours autant. Une sorte de puanteur cadavérique qui imprègne les nerfs et l'âme dont on ne peut pratiquement pas se débarrasser.

18 juillet

*Il fait un temps radieux
mais la chaleur est étouffante.*

Ce matin, à huit heures passées, Damao a pris sa voiture. Xiaojin et moi sommes montés avec lui. De Chengdu, nous avons filé en direction de Mianyang, les mots « Interviewers spéciaux des équipes de secours » collés en évidence sur le pare-brise. Sans avoir eu besoin de dire quoi que ce soit, nous avons passé les péages d'autoroute sans débourser le moindre yuan.

À Mianyang, nous embarquons notre vieil ami Laolu, puis avançons dans cette zone gravement sinistrée. Il n'y a aucune raison de penser que le voyage ne se passera pas bien : la route n'est pas bosselée comme on aurait pu le croire. C'est même le paradis si on pense au trajet cahoteux qui mène à Yingxiu.

Arrivés dans le bourg de Leigu situé dans une passe de montagne, nous pressentons que la situation n'incite guère à l'optimisme. Les escadrons de la police armée, en ordre de bataille, tiennent dans leur main un fanion rouge. Les voitures ordinaires doivent toutes s'arrêter ici. N'ayant peur de rien, nous contournons l'ancienne route, à présent détruite, et progressons lentement sur la nouvelle piste en terre. Des tentes de survie sont collées les unes aux autres et un certain nombre de réfugiés en bras de chemise s'y sont entassés. En les apercevant, je sens ma déformation professionnelle reprendre le dessus : mes mains se mettent à trembler, mon cœur à s'affoler.

Craignant les complications, Damao refuse de stopper la voiture. Pour un amoureux de l'image comme lui, les décombres du tremblement de terre attirent davantage son œil que les survivants de cette catastrophe. Sur des kilomètres, tout en conduisant, il mitraille à tout-va. Nous approchons enfin du chef-lieu de district de Beichuan. Nous tombons alors sur un tas de ruines et de décombres dignes des grands films catastrophe américains. Ce sont ceux de l'école secondaire de Beichuan. Nous roulons avec précaution sur une vaste étendue de boue liquide, puis nous contournons des fosses qui peuvent contenir plus d'une dizaine de camions et où un bon nombre de personnes et de machines sont en train de s'affairer.

Je ne pensais vraiment pas que l'entrée d'un chef-lieu de district ressemblerait à la porte principale d'une entreprise de brigade de commune populaire. Elle est large de cinq à six mètres et se prolonge de chaque côté par un grillage en fil barbelé difficilement franchissable. Nous obéissons aux ordres et arrêtons la voiture. Les policiers de l'unité de protection contre les attaques chimiques de la province du Guizhou se tiennent alignés, comme s'ils devaient affronter un ennemi redoutable. Damao descend de voiture pour parlementer. Il déballe tous ses papiers sans que cela ne change grand-chose à la situation. On ne peut pas entrer sans une décision officielle du chef du poste de commandement. Le ton de l'officier qui porte des gants blancs est cinglant.

« Et une autorisation de l'adjoint du secrétaire du comité municipal, c'est valable? demande Damao.

— Non, répond l'officier. Garez-vous sur le côté. »

Le moral à plat, je m'arrête sur le bord de la route. Sous le soleil ardent, Damao ressemble à un philosophe que gagne l'anxiété. Il se met à réfléchir tout en jouant avec son portable. Je le vois se creuser la tête pendant un bon moment, mais aucune solution ne semble lui venir à l'esprit. Il ne nous reste plus qu'à nous mêler alors au flot des visiteurs et faire un détour par la droite pour bifurquer vers la montagne. La pente est assez abrupte. Au second virage en épingle, nous avons une vue panoramique sur les ruines. Les gens venus à pied pour visiter et prendre des photos souvenirs vont et viennent sans interruption. Laolu et Xiaojin brûlent d'envie d'en faire autant, mais Damao leur dit qu'il y a trop de monde et que ça perd tout son charme. Comme lui, je suis aussi d'avis de monter d'abord au sommet, puis de redescendre doucement afin d'éviter la marée des touristes.

Nous avons serpenté plus d'une demi-heure dans la montagne et avons atteint une altitude considérable, là où la végétation est abondante. La plupart des cols sont plongés dans l'obscurité. Même les flèches brûlantes du soleil ne peuvent y pénétrer. La géographie locale a manifestement affaibli la force destructrice du tremblement de terre et, en particulier, empêché les coulées de boue. Toutefois, les failles et les affaissements de terrain se sont succédé et, à deux ou trois endroits, des éboulis gros comme des bétaillères sont plantés au milieu de la route. J'en ai la chair de poule.

À trois mille mètres au-dessus du niveau de la mer, notre voiture débarque dans un village imitant le style d'habitation des Qiang[1], non loin du sommet. Nous nous arrêtons pour admirer le paysage. Ce village dont les maisons

1. L'un des cinquante-six groupes ethniques de la République populaire de Chine. Les Qiang vivent principalement dans le nord-ouest du Sichuan.

ont été construites en moellon n'est plus qu'un tas de gravats. Le sol a la même texture que la peau des cadavres, irréparablement crevassée et couverte d'ulcères. On arrive cependant à imaginer ce qu'a dû être ce petit paradis avant le tremblement de terre : la porte finement décorée, les plaisirs de la table et les chansons montagnardes ; les jolies jeunes filles de la minorité Qiang, dans le calme de la nuit estivale, main dans la main avec des touristes qui font deux, trois mouvements un peu gauches, dansent en rond pour faire honneur à une tradition vieille de plus de mille ans, tout cela autour d'un feu de camp...

Ciel bleu, nuages bleus. En face, la montagne, avec sa courbe régulière, ressemble à un monstre docile dont le corps est constellé de marques de fouet. Aux pieds de ce monstre se trouve Beichuan qui a été ravagé par une colère explosive et éphémère, et qui ne ressemble désormais plus à rien. Cette petite ville est encerclée par les montagnes et située en plein sur une faille. Si l'on prenait aujourd'hui Beichuan comme le cœur d'un cercle que l'on dessinerait tout autour, n'importe qui verrait le caractère inévitable de cette destruction.

Nous rendons visite à l'un des rescapés du village Qiang redescendu de la montagne, un vieillard chenu à mi-chemin entre l'homme normal et le lutin. Il tient dans sa main deux paquets de cigarettes. Il en a coincé une derrière l'oreille et rit sans cesse tout en marchant. Depuis le 12 mai, c'est le seul individu que j'ai vu heureux. Voici un extrait de mon entretien avec lui.

« Il n'y a que toi ici?
— Hé, hé. Oui.
— Tu ne te sens pas un peu seul?
— Hé, hé. Non.
— Pendant le tremblement de terre, tu étais ici?
— Hé, hé. Oui.
— Qu'as-tu ressenti?
— J'étais aux toilettes. J'ai failli tomber dans la fosse. Hé, hé. J'ai fait un salto les fesses à l'air. Hé, hé. Une bonne dizaine de touristes étaient en train de courir dans tous les sens. Les maisons s'effondraient sur les habitants. Ceux qui faisaient la pause de midi sont morts pendant leur sommeil. Morts et bien morts. Hé, hé.
— Et ensuite?
— Je n'avais plus de maison où loger. J'ai donc élu domicile sous une tente. J'étais tout seul ici. Heu, non, non, en fait, après les premières secousses, je me suis procuré une toile cirée, puis j'ai couru vers la montagne pour aller voir les étoiles. Il pleuvait, alors je me suis réfugié sous un rocher. Hé, hé. Quand les cochons ont froid, ils s'y blottissent. J'étais, comme eux, dans le dénuement le plus total.

— Tu n'étais pas malheureux?

— Ça me déprimait de voir tous ces cadavres alors je les fuyais du regard. Si je ne les voyais pas, je n'étais pas triste. Surtout s'il y avait de l'alcool à disposition. Là, j'étais heureux. Hé, hé. Je fredonnais quelques mélodies. C'était le pied.

— Tu n'es pas descendu de la montagne pour faire un tour?

— Hé, hé. Non. À cause du séisme. Dans la montagne, il y a des plantes et des baies comestibles, et on peut profiter un peu de l'aide aux victimes. On se débrouille, quoi. On n'y manque de rien. Hé, hé. Si les bêtes sauvages arrivent à y vivre, pourquoi pas les hommes?

— Les étoiles t'ont plu?

— Il n'y avait rien d'autre à faire qu'à les observer. Si mon épouse avait été là, naturellement, j'aurais regardé mon épouse. Je me noyais dans les astres, puis je m'endormais, et ça m'évitait de trop penser. »

Une mère de famille Qiang

18 juillet

Il fait une chaleur étouffante.

Sur le chemin du retour, quelques lacets plus loin, nous entrons dans un village qiang comme les autres.

Des spécialistes ont montré que les Qiang sont les ancêtres des Tibétains. C'est pourquoi dans la région de Beichuan et Wenchuan, le gouvernement local a, dans les montagnes hautes et escarpées de Chongshan, conservé quelques villages typiques pour attirer les touristes. En fait, ces tours de pierre et ces murs d'enceinte aux allures de fortin font penser aux réserves indiennes que l'on peut trouver de l'autre côté de l'océan.

Le village que nous avions en face de nous n'était pas bien différent d'un village han : des maisons construites avec des briques grossières, des céréales en abondance et toutes sortes d'arbres fruitiers. Même les noms de famille et les coutumes étaient identiques aux nôtres.

Sur place, nous lions connaissance avec un ami de Laolu, un dénommé Zhang. Tous les ans, en été, Zhang vient ici passer quelques semaines de vacances chez les paysans. Le 12 mai, vers quatorze heures, alors qu'il flânait à la porte d'une société de crédit dans la ville de Beichuan, il a été aperçu par son logeur Laowang qui passait en moto. Ils se sont salués. Laowang, d'une hospitalité excessive, avait décidé de l'emmener prendre le frais et jouer aux cartes dans son village de montagne. Peu enthousiaste, Zhang avait dû se faire prier pour monter sur la moto et enserrer la taille replète de Laowang. Ils ont quitté la ville pour la montagne en pétaradant et en projetant derrière eux une longue traînée de fumée. Quand ils sont arrivés devant la porte de la maison, la terre s'est mise à trembler. Les deux compères ainsi que la moto ont été éjectés quelques mètres plus loin. Chang me raconte que ça lui a arraché deux morceaux de peau au niveau de la cuisse. Autour de l'agence de crédit, c'était le chaos le plus complet. « Sur les centaines de gens qui se trouvaient là, personne ne s'en est sorti vivant. Grands dieux! À quelques secondes près... Impensable! Impensable! Afin de remercier le Ciel d'être vivant, je suis venu spécialement ici pour distribuer des tentes aux sinistrés. »

Au moment de prendre congé de nous, il

nous présente Wang Shuyun[1], son bienfaiteur, celui qui lui a sauvé la vie. Ce dernier nous présente à son tour sa famille. On nous offre des fruits. Je sors mon magnétophone et le place sous le nez d'une femme d'âge moyen. Elle s'appelle Yang Zhengcui. Elle a trente-neuf ans et cultive la terre dans le village de Yangliuping, du bourg de Qushan, district de Beichuan. Son mari, Xie Mingde, quarante et un ans, est accroupi à côté d'elle, silencieux. Leur fille de dix-sept ans, Xie Xueyang, élève de quatrième à l'école secondaire numéro un, est morte sur le coup pendant le séisme.

    Yang Zhengcui : Camarade han, prends des poires, ne te gêne pas.
    Laowei : D'accord.
    Yang : Je ne sais pas par où commencer. Je ne sais pas non plus par quoi finir. Nous n'avons pas réussi à retrouver notre fille. Parmi tous ces corps ensevelis ou putréfiés, elle était introuvable. Plus de deux mois ont passé et, en ville comme en banlieue, la colère a fait perdre la tête aux gens. Quand ils se rencontrent et qu'ils discutent entre eux, tout a l'air normal. L'un d'entre eux lance : « Un membre de ta famille est mort ? » L'autre répond : « Un des miens a disparu. Comment s'appelle-t-il ? À quoi ressemble-t-il ? » De fil en aiguille, ils commencent à divaguer, se

---

1. Désigné précédemment sous le sobriquet de Laowang.

donnent des gifles, trépignent, se roulent par terre et deviennent incontrôlables.

Laowei : Commençons par le début.

Yang : Nous appartenons à l'ethnie Qiang. Nous n'avons pas d'argent et avons reçu une éducation tardive. Ma fille était extrêmement intelligente et très débrouillarde, mais elle n'avait commencé ses études qu'à l'âge de neuf ans. Elle était belle et élégante, et ses résultats scolaires étaient très satisfaisants. Comme elle dansait et chantait bien, les professeurs la couvraient de louanges. Nous lui donnions chaque mois 50 yuans d'argent de poche. Elle les mettait de côté et, un jour, au bout de quelques années, elle nous a mis sous le nez un livret de caisse d'épargne sur lequel il y avait plus de 2 000 yuans. Elle nous l'a donné. Nous en sommes restés comme deux ronds de flan. Son père lui a demandé : « Toi, une gamine, comment as-tu pu ne pas dépenser un centime pendant toutes ces années ? » Elle a répondu : « J'ai de quoi me nourrir, m'habiller et les frais de scolarité sont payés tous les trimestres. Ma famille est si pauvre, comment pourrais-je dépenser son argent ? »

Laowei : Quelle adorable enfant !

Yang : Tout le monde lui prédisait un bel avenir. Mais l'homme propose, le Ciel dispose. Dans la matinée du tremblement de terre, nous nous disions que nous ne pouvions pas nous montrer ingrats envers elle. Nous lui avons donc donné 200 yuans. Elle les a reposés trois fois sur la table et, chaque fois, nous lui avons demandé de les reprendre. Son père s'est fâché. Qui aurait pensé...

Laowei : C'est la dernière fois que vous l'avez vue. Ma grande sœur est morte dans un accident de voiture. La dernière fois que je l'ai vue, c'était à la gare de Chengdu, au moment de la fête du Printemps en 1988. Au milieu d'une foule en effervescence, je l'ai accompagnée jusqu'au train. Je lui ai lâché la main, puis elle a disparu à jamais.

Yang : Pendant le tremblement de terre, j'étais justement chez ma grande sœur. Le ciel et la terre tournoyaient. Je n'arrivais pas à tenir debout. Je m'accrochais à tout ce qui me passait sous la main : un arbre, un banc, un tas de pierres. Quand je ne pouvais plus rien agripper d'autre, j'attrapais quelqu'un et nous tombions tous les deux à la renverse. Les tuiles avaient toutes dégringolé des toits. De plus, les auvents et les murs s'étaient soit fissurés soit effondrés. Personne n'a été blessé. Parmi les centaines de personnes qui habitaient le village, un petit nombre seulement a succombé.

En contrebas, la ville de Beichuan était plongée dans l'obscurité. Des volutes de fumée s'en échappaient et le soleil n'arrivait plus à percer ce rideau. Nous voulions nous y rendre, car nous nous inquiétions pour notre enfant. Mais, à mi-chemin, nous avons été sommés de faire demi-tour. L'école secondaire numéro un de Beichuan était une école pilote. Les bâtiments avaient été renforcés avec du béton armé et, de l'extérieur, on l'imaginait robuste. J'essayais de me rassurer : la plupart des maisons en terre du village étaient encore debout. Regardez, ma maison s'est lézardée en des dizaines d'endroits, mais elle ne s'est pas écroulée. Bien qu'elle se soit légèrement affaissée par-derrière, on peut encore y habiter. Elle, mon enfant...

Le 13, à midi, je suis descendue dans la vallée. Je suis restée un moment sans réaction. Il y avait une marée humaine où se bousculaient des parents d'élèves qui cherchaient leur fils ou leur fille. Le rez-de-chaussée de l'école s'était effondré et avait cédé la place au premier étage, où se trouvait ma fille. Nous courions dans tous les sens, sans la voir. De nombreux enfants coincés sous les ruines appelaient au secours en gémissant. Les parents qui étaient arrivés en premier avaient déjà passé la nuit sur place. Ils s'étaient organisés spontanément et avaient extrait un bon nombre de morts et de survivants. Par la suite, le gouvernement, craignant que ne se produise un accident pendant les opérations de secours, a envoyé du personnel qui interdisait à quiconque d'approcher. Les machines avaient suivi, à grand bruit, pour nettoyer les environs. Elles ne s'étaient toutefois pas attaquées à la partie principale des bâtiments effondrés, car tout le monde redoutait que les parpaings, imbriqués les uns dans les autres, ne s'écroulent au moindre faux mouvement. Dans chaque petit recoin, il pouvait y avoir des gens à sauver. C'était un problème cornélien. Au début, on fouillait avec nos propres mains, mais on n'arrivait pas à soulever les parpaings. Ensuite, les machines sont intervenues, mais les ouvriers refusaient de déplacer les pans de mur qui gisaient un peu partout. Les gens assistaient à la scène, les yeux ébahis. Certains enfants enserrés à l'intérieur, torturés par la douleur, avaient agité leurs pieds et leurs mains pendant des heures, puis avaient fini par ne plus bouger. Leur visage était difforme et leur corps disloqué. Parfois, il leur manquait un bras ou ils avaient une jambe sectionnée. Un bon nombre d'entre eux avaient été transformés en galette. On a même retrouvé deux, trois enfants enlacés que l'on n'a pas pu séparer. Nous avons veillé sur place nuit et jour. Dans les premiers temps, on pleurait sans cesse. Ensuite, on n'y arrivait plus, nos larmes avaient séché. Je me suis évanouie plusieurs fois. Je buvais quelques gorgées d'eau et je me relevais pour retourner veiller. Mais, parmi les enfants que l'on avait extraits, il n'y avait pas le mien, ni mort ni vivant. Les trois mille élèves de l'école secondaire numéro un de Beichuan étaient tous particulièrement brillants (ceux qui ne l'étaient pas ne pouvaient entrer que dans l'école secondaire numéro deux ou dans l'école technique de Beichuan). À cause de ce séisme, il n'en reste plus que mille deux cents.

Laowei : L'armée est arrivée dans les temps ?

Yang : Le 12 et le 13 mai, je n'ai vu aucun soldat. Tout le monde faisait courir la rumeur que plusieurs équipes de sauveteurs venues de Beichuan avaient été mobilisées. Personne ne croyait ce que disait le secrétaire du comité municipal de Mianyang, Tan Li, puisque non seulement il n'avait prévu aucune intervention, mais il avait même envoyé les troupes de la police militaire à Wenchuan pour encadrer les opérations de secours. Par la suite, les véhicules militaires et les ambulances des autres villes de la province transportant des vivres et du matériel destinés aux sinistrés se suivaient à la queue leu leu. Ils traversaient le district de An, devant faire face aux nombreux éboulis et aux ponts détruits. Voyant que la situation devenait critique, j'ai momentanément modifié mon projet de filer vers Dujiangyan pour venir à Beichuan. Ce connard de Tan Li a des relations et les moyens d'agir. Je ne savais pas qu'au gouvernement il y avait ce genre d'individu. C'était une question de vie ou de mort pour lui : comme il avait eu peur de perdre son poste, il avait menti à ses supérieurs en leur rapportant qu'il n'y avait eu que trois morts à Beichuan.

Laowei : Et votre fille ?

Yang : Le 17 juin, nous sommes allés à Mianyang. Nous l'avons trouvée sur le site du bureau de la Sécurité publique de la ville. La quarante-troisième photo. Malheur, j'ai failli ne pas la reconnaître. Son crâne était en bouillie, son nez, ses yeux et sa bouche n'étaient plus à leur place. Elle avait eu les jambes sectionnées. Je l'ai reconnue à ses chaussures et à ses vêtements. J'ai piqué une rogne, demandant quand on l'avait sortie. Le policier ne pouvait pas me répondre. Je lui ai demandé pourquoi on n'informait pas non plus les parents. Le policier ne pouvait pas répondre à cette question.

Laowei : Qu'a-t-on fait du corps ?

Yang : Je ne sais pas. Des centaines de cadavres étaient entassés là, prêts à être enterrés ou incinérés, je n'en sais trop rien.

Laowei : Et les indemnisations pour les élèves décédés ?

Yang : À peu près 12 000 yuans par enfant. Avec l'assurance-vie, on touche 4 000 yuans et en y ajoutant les autres compensations, on arrive presque à 8 000 yuans. Concernant la demande d'indemnisation, les parents ne sont pas tous sur la même longueur d'onde. Il y en a des courageux, mais aussi des trouillards qui pensent que, comme les enfants sont morts, il faut laisser tomber, serrer les dents, savoir encaisser et accepter ce que l'on nous donne : 2 000, 3 000 yuans, peu importe.

Laowei : Dans le bourg de Juyuan, chaque famille a reçu 30 000 yuans.

Yang : Nous payions chaque mois 30 yuans pour l'assurance de notre enfant. Mais, par la suite, quand nous sommes allés vérifier, on nous a dit que nous n'avions versé que 8 yuans par mois. Je ne sais pas si l'école a, oui ou non, détourné l'argent. Ce que je n'arrive pas à comprendre, c'est que les vieux bâtiments ne se sont pas écroulés. Ceux des années 1960 sont encore debout et ceux des années 1970 aussi. Seuls les bâtiments construits entre 1996 et 1999 sont tombés en poussière. Je ne sais pas où l'école est allée chercher les ouvriers. Les contre-maîtres se sont mis beaucoup d'argent taché de sang dans les poches! À présent, on nous demande d'intensifier la lutte contre le séisme et de venir en aide aux sinistrés, de promouvoir les reportages positifs, mais les questions gênantes, personne ne s'en soucie. Les parents se font entendre, sans que cela change grand-chose. Les volontaires trop curieux se font taper dessus. Misère, ces deux mois ont passé si vite! La ville est bouclée et les gens sont désespérés. Les policiers militaires paradent avec leur fusil fiché sur le dos, mais, aux yeux de la population, ils ne sont que des pantins qui ne peuvent régler aucun problème. Les cadres, quel que soit leur niveau, se cachent en nous voyant. On dirait que le gouvernement tout entier est paralysé.

Regarde, camarade han, c'est un portrait de ma fille sur lequel elle porte le vêtement traditionnel. Après la représentation, nous avons pris une photo ensemble. Sur celle-ci, elle pose aux côtés de son professeur, à droite, là, vêtue de jaune, c'est elle.

Laowei : Ravissante et précoce qui plus est. Elle a une tête de plus que ses camarades.

Yang : Tout ce que j'ai pu rapporter à la maison, c'est son manteau. C'est celui qu'on lui avait acheté en 2006, quand elle était en sixième. Elle a souffert de grandir dans une famille pauvre. Elle s'habillait grâce aux dons faits par les citadins. Notre situation commençait un peu à s'améliorer quand, soudain, elle nous a quittés.

Le camp de réfugiés de la colline jaune

18 juillet

Le ciel est clair et la température étouffante.

Sur le chemin du retour, l'atmosphère est pesante. En traversant le district de An, nous tombons de nouveau sur le centre d'aide aux réfugiés de la colline jaune. Je suis décidé à retourner y faire une petite visite, et, bien que Damao marmonne des « je ne le sens pas trop », il n'arrive pas à m'en dissuader.

Dans le camp, Xiaojin aperçoit une femme vêtue d'un chemisier blanc qui se précipite vers elle pour lui parler. Elle refuse les cent yuans que lui tend Xiaojin et se met à pleurer. Les deux femmes entrent dans une tente main dans la main et s'assoient près du lit au-dessus duquel est accrochée une moustiquaire. Je les espionne un moment, posté à l'entrée, puis je pénètre dans cette étuve. Tout en enregistrant leurs propos, je ne cesse d'agiter mon éventail pour rafraîchir les deux interlocutrices, sans m'apercevoir que mon propre pantalon est tout trempé de sueur.

    Xiaojin : Excusez-nous du peu d'aide que nous pouvons vous apporter !
    Luo Keshu : C'est moi qui suis gênée. Le tremblement de terre s'est déroulé il y a plusieurs dizaines de jours et je n'ai toujours pas retrouvé le nord ! Il y a encore un décalage entre ce que je pense et ce que je dis. Par exemple, hier, j'ai croisé le réfugié de la tente voisine et j'ai voulu le saluer, mais ce qui est sorti de ma bouche, c'est le nom de ma petite-fille.
    Xiaojin : Votre petite-fille ?
    Luo Keshu : Elle s'appelait Wang Siqi. Elle n'avait que deux ans et demi. Elle était très sage. Tout le monde admirait son intelligence et mes voisins disaient qu'elle serait exceptionnelle, qu'elle deviendrait soit une célèbre chanteuse, soit une grande journaliste.
    Xiaojin : Ça oui ! À deux ans et demi, Laowei était une vraie nouille qui ne savait ni parler ni marcher.
    Luo Keshu : Ce jour-là, elle regardait la télévision assise dans le canapé. Au bout de quelques minutes, elle a commencé à s'assoupir. Je l'ai prise dans mes bras et je l'ai posée dans son lit. Ensuite, j'ai à mon tour regardé la télévision, jusque vers quatorze heures. Craignant qu'elle ait faim à son réveil, je suis allée dans la cuisine lui préparer un petit quelque chose. La cuisine se trouvait au-dessus, à quelques dizaines de mètres de la

maison. J'en ai profité pour aller dans le potager cueillir de l'ail et des aubergines. À ce moment-là, le sol s'est mis à trembler. J'ai voulu me relever, mais je me suis retrouvée assise par terre. Tout s'effondrait autour de moi. Les sommets des montagnes se brisaient comme des allumettes, et de la fumée noire s'est soulevée et a avalé Beichuan en un instant. Le soleil avait disparu. J'étais toujours dans le potager. C'était comme si j'étais dans un train qui passe sous un tunnel, je ne voyais plus rien.

Xiaojin : C'est là que tu as compris ce qui se passait ?

Luo Keshu : Oui. En quelques secondes, je me suis relevée et j'ai couru vers la maison. Ma petite-fille se trouvait au premier étage. Je criais de toutes mes forces. J'étais toute chamboulée. Je me fichais pas mal de savoir si, oui ou non, le tremblement de terre avait cessé. J'escaladais les décombres, je fouillais avec mes mains, j'avais les doigts en sang, mais je ne sentais pas la douleur. J'ai fait un trou et j'ai jeté un œil à l'intérieur. Il y faisait un noir d'encre. J'ai fouillé tout l'après midi avec un bâton et j'ai fini par apercevoir Siqi. Elle était encore dans la position du sommeil, le crâne explosé.

Xiaojin : La terre a tremblé pendant qu'elle rêvait. Elle n'a pas souffert.

Luo Keshu : Je voulais la prendre dans mes bras, mais une poutrelle effondrée m'en empêchait. Je pleurais, couchée sur les ruines ! Le premier jour, personne n'est venu m'aider.

Le second jour non plus. Il a fallu attendre le 15 pour que quelqu'un vienne me donner un coup de main pour la sortir de là! Elle ne ressemblait déjà plus à une petite fille! Son corps suintait. Pourtant, je l'ai prise dans mes bras et je ne voulais plus la lâcher.

Xiaojin : Et la mère de votre petite-fille? Il lui est arrivé quelque chose?

Luo Keshu : C'est ma fille aînée. Elle s'appelle Mu Junmei. Elle est vivante. Son métier, c'est de vendre des tickets pendant que mon gendre conduit le bus. Quand les secousses ont commencé, le bus venait de retourner à la station, et les passagers étaient tous descendus. Il s'est mis à faire des bonds comme un crapaud qu'on asticote, puis s'est écrasé au sol. Ma fille pestait et se demandait ce qui causait un tel bazar. Ma deuxième fille, elle, a disparu. Au moment des secousses, elle travaillait dans un restaurant de la rue Vieille. Derrière ce bâtiment de cinq étages, une partie de la montagne s'est ouverte. Réduite en miettes! Une colonne de fumée noire s'est élevée vers le ciel. Des milliers de résidents de cette rue, y compris ma fille, ont été enterrés. On n'a plus aucun moyen de les extraire car l'amoncellement de terre et de ruines a atteint des dizaines de mètres de hauteur. C'est devenu un cimetière naturel. Au moins, les fantômes qui rôdent par là ne se sentiront pas trop seuls...

J'ai une nièce qui habite près du marché aux légumes. Au moment des secousses, toute sa famille était là. Ils sont morts tous les cinq.

Mon autre nièce a eu plus de chance. Au moment du séisme, elle était en train d'emmener sa fille à la crèche. Elle était nerveuse et marchait d'un pas pressé. Il y a eu plusieurs secousses, et, tout à coup, le sol s'est ouvert en grand, une faille longue de quelques dizaines de mètres et large de quelques pieds. La centaine de gens qui se promenaient là, des adultes, des enfants, sont tombés dedans. Certains ont été totalement engloutis, les autres avaient encore la moitié du corps en dehors...

Xiaojin : Mais c'est un film d'horreur !

Luo Keshu : Le trou s'est ouvert puis s'est refermé. On ne voyait plus que du sang qui giclait au loin comme un grand geyser. Ma nièce a failli être happée. Enfin, pas exactement, elle avait déjà été à moitié avalée, l'os du bassin fracturé, lorsqu'elle a été éjectée de la faille. Les briques tombaient comme des grêlons sur les gens. Tu ne me crois peut-être pas, mais la fille de ma nièce a été projetée en l'air sur quelques mètres, elle est retombée et n'est pas morte !

Xiaojin : En tout, combien avez-vous perdu de membres de votre famille ?

Luo Keshu : En prenant en compte les familles de mes frères, nous déplorons trente morts environ. Dans notre équipe de production, il y avait deux cents personnes. Il ne doit en rester qu'une cinquantaine. »

Tout à coup, le téléphone portable se met à sonner et nous fait sursauter. Comme tirée d'un rêve, Xiaojin décroche et écoute. C'est Damao qui nous avertit : « La police vient pour vous arrêter ! Foutez le camp tout de suite ! »

Nous faisons aussitôt de rapides adieux à Luo Keshu. Nous traversons le camp au pas de charge et arrivons sur le parking. Laolu est déjà dans la voiture, alors que Damao tente de se calmer et parlemente avec deux soldats au brassard rouge. Puis, la voiture démarre. Les brassards rouges nous lancent : « Arrêtez-vous ! Nous n'avons pas encore tiré au clair votre statut d'interviewer. » Xiaojin répond : « Nous sommes là pour nous promener. Nous n'avons pas fait d'interview. » Ils nous rétorquent : « Quelqu'un vous a balancés. Attendez un peu. » Mais la voiture se met à avancer toute seule. Les soldats nous poursuivent et tentent d'attraper la poignée de la portière. Damao leur lance alors un injurieux « bande de ringards », puis file vers la sortie.

Nous roulons à tombeau ouvert. Au bout de quelques kilomètres, je lui demande de m'expliquer ce qui s'est passé. Il me dit : « La carte d'interview des zones sinistrées ne suffit pas, il faut une autorisation spéciale délivrée par le département de la propagande de la municipalité de Mianyang. Cet avorton de fonctionnaire qu'est Tan Li continue à faire la pluie et le beau temps. J'ai eu beau essayer d'user de la méthode douce et de la méthode forte pour me défaire de nos sbires, je n'ai rien obtenu. En plus de ça, ils ont pris la plaque d'immatriculation en photo pour vérification.

— C'est grave, ça, non?

— C'est pour ça que je vous ai appelés. À peu près au même moment, des policiers étaient déjà là pour vous coffrer. Le mieux est d'éviter d'aller à Mianyang. Nous allons nous séparer de Laolu à la prochaine bifurcation, puis nous filerons sur l'autoroute Chengdu-Mianyang. »

Quand nous arrivons à la maison, il fait déjà nuit noire. Je suis à bout de forces. Avant de m'endormir, je me suis souvenu d'un roman étranger que j'avais lu quand j'étais jeune et qui avait pour titre *Cœur de lièvre*[1]. Je ne sais plus qui l'a écrit.

Si, dans quelques années, avant de s'endormir, quelqu'un se souvient d'un livre appelé *Quand la terre s'est ouverte au Sichuan* qu'il avait lu dans sa jeunesse, il ne se rappellera pas non plus du nom de l'auteur, car les mots qui racontaient le tremblement de terre étaient vraiment trop nombreux.

Et rien n'aura changé : les hommes ont la mémoire courte.

---

1. Roman de John Updike publié en 1960. Titre original : *Rabbit, Run*.

Postface

Nous approchons déjà du premier anniversaire du tremblement de terre au Sichuan.

Les morts peuvent-ils reposer en paix ? C'est la question à ne pas poser. La réalité, c'est que les vivants continuent à souffrir. Il y a quelques jours, lors d'une réunion entre amis, on m'a raconté qu'il y avait des problèmes avec les préfabriqués de la zone sinistrée de Mianzhu. Le taux de méthanol y dépasse les normes admises. Les enfants qui y habitent ou qui y suivent des cours souffrent d'hyperthyroïdie. Quelques-uns sont même atteints de leucémie. En allant sur le Net, j'ai appris que les suicides étaient fréquents à Beichuan parmi les sinistrés. Le cas de Mu Guangxiang, trente-trois ans, résident temporaire du camp de préfabriqués de Yongxing, est caractéristique. Il habitait Beichuan. Son épouse et son fils sont morts dans le séisme. Il était plutôt d'une nature optimiste et clamait : « C'est pas demain que je me suiciderai, moi. » Mais, la veille du nouvel an, il s'est ouvert les veines. Heureusement, il a été découvert à temps et emmené à l'hôpital Fulin de Mianyang où les médecins ont réussi à le ramener à la vie.

Le célèbre consultant en psychologie Liu Meng a qualifié cela de « passage à l'acte impulsif » et pense que les périodes de fête, telle que la fête de la mi-automne, la fête du Printemps, etc., peuvent se transformer, pour certains, en barrières psychologiques difficiles à franchir. Comme dit le poème : « Seul en terre étrangère, à chaque fête, la nostalgie m'envahit un peu plus. Quand je sais que mes amis atteignent le sommet, une personne manque pour planter le cornouiller. »

Chaque fois que nous sommes confrontés à une catastrophe, nous devenons des « étrangers » en disgrâce dans notre propre pays. C'est déjà arrivé, par exemple, pendant le tremblement de terre de Tangshan, à la fin de la Révolution culturelle, qui aurait fait, selon les autorités, 240 000 morts. C'est également arrivé pendant la grande famine, entre 1959 et 1962, qui, selon le gouvernement, aurait provoqué la mort de plus de trente millions d'individus. Et nous, pauvres petits êtres vivants, guère mieux lotis qu'une meute de chiens ou un troupeau de cochons, éclairés par l'idéologie maoïste, nous « essuyons les traces de sang sur les corps, enterrons les cadavres de nos camarades et continuons à avancer », et nous chantons en chœur : « Souffle le vent d'est, les tambours de guerre résonnent. Dans le monde actuel, finalement, qui pourra nous effrayer ? » Si l'on applique les normes occidentales concernant les maladies mentales, il est à craindre que l'on diagnostiquera des troubles psychologiques chez tous les Chinois, car ils sont soit des descendants soit des amis de victimes. Chaque famille chinoise est un témoin vivant des vagues de folie qui ont frappé la société.

En dehors du tremblement de terre, qu'est-il arrivé d'autre en 2008 ?

D'abord, les tempêtes de neige du début d'année qui ont ravagé la moitié de la Chine[1]. Ensuite, Hu Jia[2] qui a été jeté en prison pour avoir dénoncé les violations des droits de l'homme perpétrées par le Parti. Puis, il y a eu les émeutes du 14 mars au Tibet au cours desquelles de nombreux moines ont été abattus. Enfin, peu de temps après, le tremblement de terre au Sichuan. La dictature athéiste se fichant

1. Le 15 février 2008, de fortes chutes de neige ont bloqué les trains dans tout le sud de la Chine, empêchant le retour des paysans migrants dans leur famille pour les fêtes du Printemps.
2. Hu Jia, condamné à trois ans et demi de prison pour délit d'opinion, a été honoré par le prix Sakharov du Parlement européen.

de l'éréthisme, au plus fort des opérations de secours le parcours de la flamme olympique battait son plein. Les vivants et les morts se sont ainsi croisés, provoquant le chaos, tandis que la cérémonie olympique, qui baignait dans la sensiblerie – « Tu m'aimes, je t'aime, tout le monde a envie de dégobiller » –, a finalement eu lieu dans le stade dit du nid d'oiseau de Pékin. Cela a entraîné l'effondrement des cours de la bourse et du marché de l'immobilier. Le chantier du métro de Hangzhou dans le Zhejiang s'est affaissé. Un bus y a été englouti. Les accidents dans les mines se sont succédé. Des dizaines de milliers de citoyens de Weng'an [1] se sont massés devant le commissariat et ont mis le feu à des voitures de police. Yang Jia [2], le héros populaire qui a tué six policiers, a, malgré les protestations de dizaines de milliers d'internautes, été exécuté en octobre. Hé, le malheur nous rend plus forts : plus il y a de morts, moins on y fait attention. À l'aune du tremblement de terre du Sichuan, quelques dizaines ou quelques centaines de vies n'ont guère de poids.

1. Allusion à un incident qui a provoqué la fureur des habitants de Weng'an, province du Guangdong en juin 2008 : le meurtre d'une jeune fille que l'on a tenté de déguiser en suicide.
2. Le 1ᵉʳ juillet 2008, Yang Jia a assassiné six policiers à Shanghai. Il est devenu un véritable héros national, vengeant les citoyens exaspérés par la brutalité de la police chinoise.

Ainsi, dans ce contexte, à l'initiative du docteur en littérature, Liu Xiaobo, trois cent trois éminents intellectuels ont publié la *Charte 08*. Je ne l'ai pas lue, mais je l'ai signée pour aider les amis. Je me dis toujours que stimuler de cette façon les réformes politiques aide le gouvernement à surmonter les épreuves difficiles. Mais je n'imaginais pas que Liu Xiaobo se ferait arrêter immédiatement et qu'on n'aurait plus de nouvelles de lui.

Liu Xiaobo est mon ami depuis plus de vingt ans. Il écrit des poèmes, des articles critiques. Sa culture est immense. J'ai en mémoire cette phrase de lui qui me fait souvent faire des cauchemars : « Avant de me mettre en terre, n'oublie pas de m'écrire une lettre avec mes cendres et surtout n'oublie pas mon adresse en enfer. » Une fois, je l'ai surpris en train de dormir à poings fermés dans un champ de céréales. Je me suis alors mis à le secouer, mais il ne se réveillait pas. J'ai commencé à pleurer de toutes mes forces. À mon grand étonnement, il a éclaté de rire et s'est relevé pour me chanter une chanson populaire ringarde. C'était insupportable. Je ne savais pas ce qu'il avait voulu me faire comprendre. La réalité, c'est qu'il avait déjà été arrêté quatre fois et qu'il avait passé de longues années en prison. Il est plein d'enthousiasme. Il ne veut pas jeter aux oubliettes, comme le voudrait le Parti, le massacre du 4 juin 1989[1]. Il veut tout faire pour que la société progresse et non qu'elle s'enfonce dans la corruption de manière irréversible. Mais à quoi bon ? Si tout le monde est pourri, pourquoi ne pas l'être à son tour ? Tout le monde racle les angles des murs du socialisme, pourquoi ne pas en récupérer un morceau pour soi ? Les milliers de cadres corrompus, de parasites ainsi que d'aristocrates de la culture qui ont émigré en Occident ou placé leur argent à l'étranger se gaussent en nous traitant de connards.

C'est ainsi, l'esprit embrouillé, que nous sommes entrés dans l'année 2009. Pendant la soirée du nouvel an, à la télévision centrale, alors que Zhou Jielun et Song Zuying, avec des voyous du business venus de Hong Kong et de Taïwan, tenaient la main de pétasses du monde politique continental et chantaient à tue-tête : « Spicy girl », assassinant les centaines de millions de cellules de notre mémoire, des nouvelles d'Australie nous sont parvenues. Parce que j'ai écrit *Quand la terre s'est ouverte au Sichuan*, une fondation culturelle m'a attribué le prix du Progrès pour la Chine. Je me suis

---

[1]. Le mouvement démocratique de 1989, entamé le 15 avril, s'est terminé dans un bain de sang à Pékin durant la nuit du 3 au 4 juin 1989. On estime que plus d'un millier de Chinois ont trouvé la mort ce jour-là.

immédiatement renseigné : ce prix a été créé par un ancien prisonnier politique, Qi Zunzhou, qui est décédé loin de sa patrie. Monsieur Qi et sa fille, Qi Jiazhen, ont été comme moi des pensionnaires de la prison numéro deux du Sichuan.

Je déplore que, dans l'ombre, une main invisible tire les ficelles de mon existence. J'ai reçu une convocation téléphonique de la police. À la fête des Lanternes, un après-midi où le soleil brillait de mille feux, un commissaire exténué m'a intimé l'ordre de ne pas sortir du pays. « Nous sommes entre esprits lucides », m'a-t-il dit. J'ai hoché plusieurs fois la tête. « Oui, oui... » Le premier anniversaire du séisme du Sichuan, le vingtième anniversaire du massacre du 4 juin 1989, le cinquantième anniversaire de la répression au Tibet, le soixantième anniversaire de la fondation de la République populaire, etc. Cette année, les écueils sont nombreux. Mais qu'est-ce que ça avait à voir avec moi ?

Nous sommes tous les jours bombardés de nouvelles venues du monde entier. En fait, un gouvernement dictatorial n'a pas besoin de bâillonner l'information, puisque les informations du lendemain feront oublier celles de la veille. Tout ça parce que les gens ont besoin de s'amuser, d'oublier. Je crains que, même assis sur un tas de cadavres plus haut qu'une montagne et plus profond qu'un océan, on ait besoin de rire et d'oublier afin de se redonner le courage de survivre et de se reproduire. En 2008, je n'ai pas eu un seul moment de répit. Quand la traduction anglaise, *The Corpse Walker*, de *L'Empire des bas-fonds*[1] est sortie, la terre s'est mise à trembler. Moi qui étais coupé du monde, en un clin d'œil, je me suis retrouvé sous les feux de l'actualité, ce qui m'a obligé à répondre à plus d'une dizaine de grands médias étrangers. J'avais la gorge sèche et les membres en coton. De plus, je n'arrêtais pas de recevoir des appels d'amis basés à l'étranger qui m'apportaient leur soutien : « Tu es en sécurité ? N'oublie pas que tu es écrivain. Tu dois absolument aller dans les zones sinistrées pour rapporter de vrais témoignages ! Quand le pays va mal, c'est une belle opportunité pour les historiens, c'est une occasion envoyée par le Ciel et une mission ! » Donc, moi qui suis un toutou paresseux, j'ai dû me transformer en Aibo[2] hystérique, guidant une Xiaojin qui jappait, me promenant et écrivant tous les jours. Je n'ai pas vu la fin de l'année arriver et le froid s'installer quand un autre ami de l'étranger m'a

1. La traduction en français est parue sous le titre *L'Empire des bas-fonds* chez Bleu de Chine en 2005.
2. Chien robot de compagnie commercialisé par la firme japonaise Sony.

téléphoné : « Vieux Liao, tu écris encore sur le séisme? Tu as vraiment de l'endurance. Dépêche-toi de terminer ton manuscrit et de trouver une maison d'édition pour le publier, sinon les gens passeront à autre chose. »

Bien sûr, je comprenais son point de vue. Donc, je me suis activé et j'ai rapidement rédigé cette postface.

Mais, après tout, je ne m'avoue pas facilement vaincu. Je pense que, dans les années à venir, quelqu'un lira encore ce livre. Car, outre les nouvelles, il y a aussi les vieilles informations, et les hommes, bien qu'ayant une vie semblable à la jacinthe d'eau se balançant au gré du vent, possèdent des racines savamment ramifiées pour s'enfoncer dans la boue glauque.

Écrit le jeudi 26 février 2009 dans la lointaine banlieue d'un Chengdu pas libéré.

GANSU

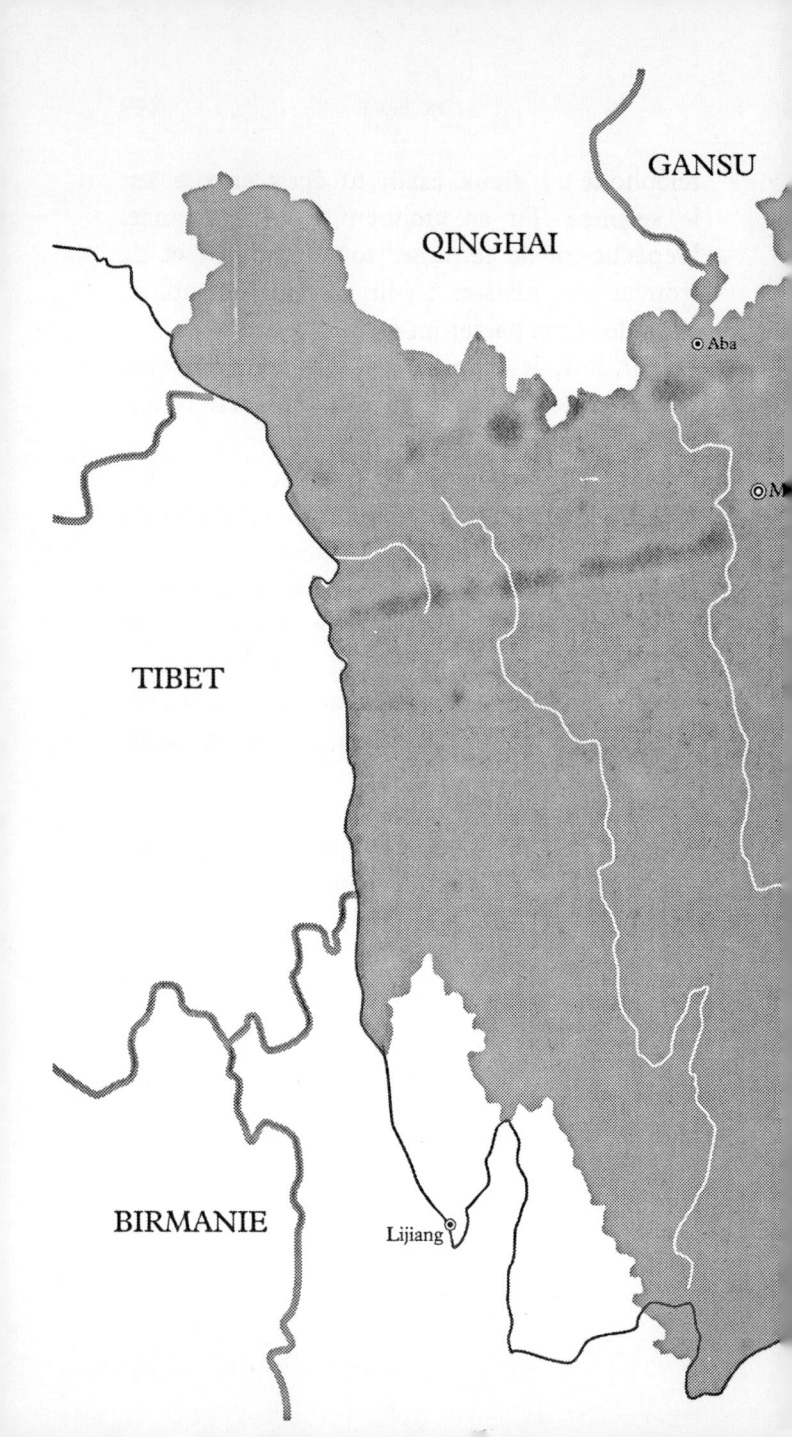

QINGHAI

⊙ Aba

⊙ M

TIBET

BIRMANIE

Lijiang ⊙

Province du Sichuan

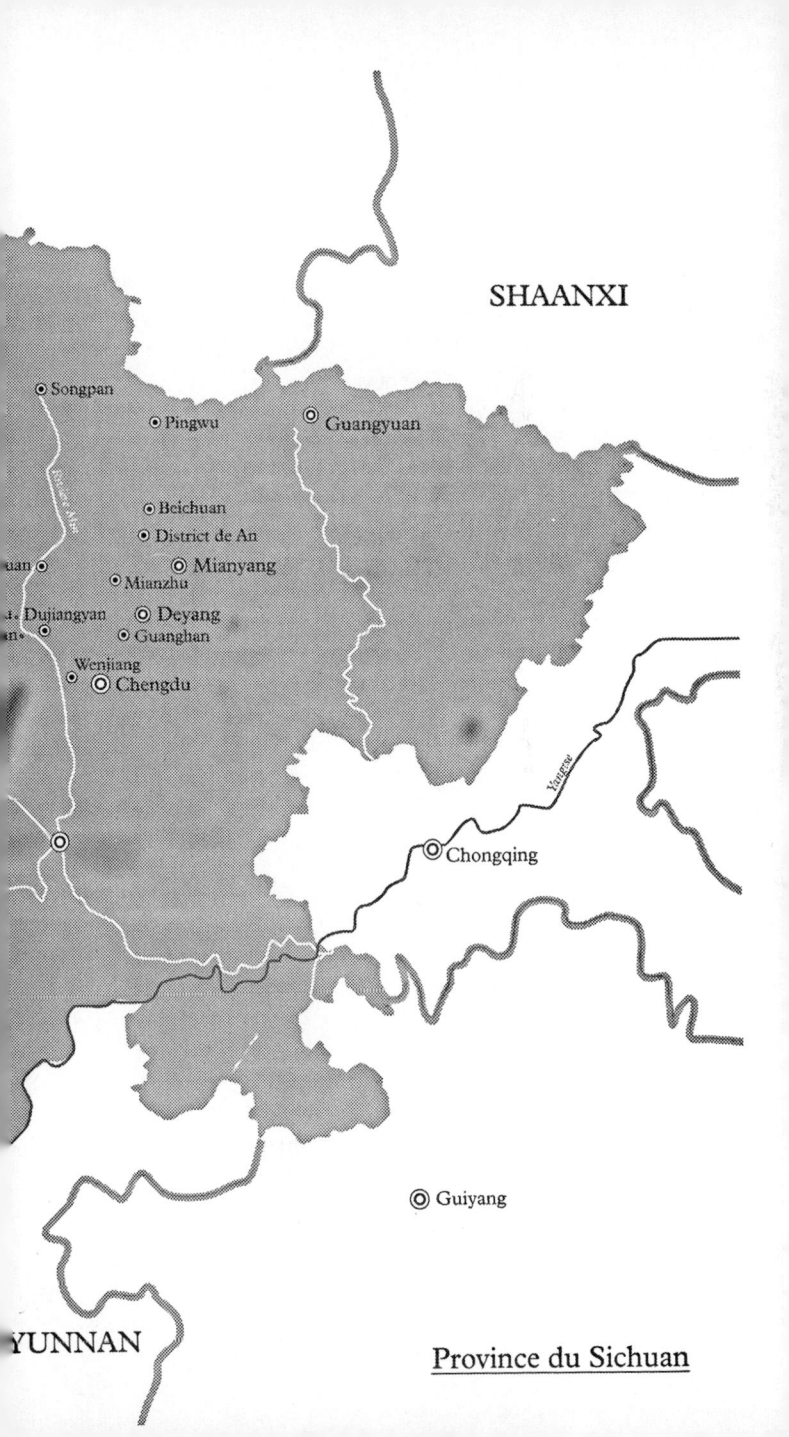

- Songpan
- Pingwu
- Guangyuan
- Beichuan
- District de An
- Mianyang
- Mianzhu
- Dujiangyan
- Deyang
- Guanghan
- Wenjiang
- Chengdu
- Chongqing
- Guiyang

SHAANXI

YUNNAN

Yangtze

CET OUVRAGE
A ÉTÉ TRANSCODÉ
ET ACHEVÉ D'IMPRIMER
PAR L'IMPRIMERIE CPI FIRMIN DIDOT
AU MESNIL-SUR-L'ESTRÉE EN MAI 2010

Dépôt légal : mai 2010
N° d'impression : 99489

Imprimé en France